AMRA

HORST KROHNE

Die 12 Dimensionen des Lebens

Wie das Universum und unser Bewusstsein aufgebaut sind

Vorwort von Jürgen Fliege

AMRA

Besuchen Sie unseren Shop:
www.AmraVerlag.de

Ihre 80-Minuten-Gratis-CD erwartet Sie.
Unser Geschenk an Sie … einfach anfordern!

2. Auflage

Eine Originalausgabe im AMRA Verlag
Hotline: + 49 (0) 61 81 – 18 93 92
Service: Info@AmraVerlag.de

Herausgeber & Lektor	Michael Nagula
Textbearbeitung	Thomas Görden
Einbandgestaltung	Guter Punkt
Layout & Satz	Birgit Letsch
Druck	Tschechien

ISBN Print 978-3-95447-673-2
ISBN eBook 978-3-95447-674-9

Von Horst Krohne ist sonst noch bei AMRA erhältlich:
Geistheilung – Dialog mit der Seele. Überarbeitete Neuausgabe
Neue Sicht des Geistigen Heilens. Neuausgabe. Doppelter Umfang
Ich möchte wissen, um zu helfen! Wie Medialität Heilung unterstützt
Die Geistige Schöpfung des Lebens. Botschaften zur Entstehung der Welt
Die Zwölf Programme des Bewusstseins. Geistiges Heilen und Lebenssinn
Geheimnis Lebenskalender. Heilen mit dem Gedächtnis des Energiekörpers
Geistheilung ist ansteckende Gesundheit. Fakten, Chancen, Hintergründe
Hausbuch der Geistheilung. Hilfe im Alltag und bei chronischen Leiden

Inhalt

Vorwort

»Der spinnt! Jetzt spinnt er vollends!« Das ist sicher eine ganz normale Reaktion, ein spontanes Urteil über Horst Krohnes neue Erkenntnis über die zwölf Dimensionen des Lebens und des Universums. Es ist die spontane Reaktion von Leuten, die nur das essen, was sie kennen und nur das wiederkäuen, was sie schon einmal geschluckt haben. »Was der Bauer nicht kennt, das frisst er nicht!« Alles andere … Vergiss es!

Das war schon vor fast fünfundzwanzig Jahren der Fall, als ich in den Neunzigern des vorigen Jahrhunderts zu einer Fernseh-Talkshow, die ich damals moderierte, einen sogenannten Geistheiler aus Teneriffa einfliegen ließ, damit er live im Studio den Beweis antritt, dass er *nicht* spinnt, wenn er behauptet, er könne Menschen, die schon Jahre oder sogar Jahrzehnte lang unter einer Krankheit leiden, in wenigen Minuten von ihren Gebrechen befreien und heilen. Dass das wirklich stimmte, kann man sich bis heute im Internet ansehen, dort ist es konserviert. *Hic Rhodos hic salta!* – »Rhodos ist hier, springe hier! Beweise hier und jetzt, dass du es kannst.«

Für mich war das der Anfang einer großen Neugier und meines Erstaunens über die Fähigkeit von uns Menschen, andere mit wem oder was auch immer, jedenfalls ohne Pharma und Skalpell, zu heilen.

Gut, ich muss bekennen, ich war nicht ganz so erstaunt wie das Millionen-Publikum zuhause an den Fernsehschirmen. Ich hatte selber schon ein paar Merkwürdigkeiten in meinem Pfarramt erlebt, bei denen Patienten im nahen Krankenhaus allein durch mein Auftauchen und meine stille Präsenz, mein stilles Beten oder etwas, was ich nicht näher benennen konnte, von jetzt auf gleich zu gesunden begannen. Gerade noch auf dem Totenbett und mit allen Schläuchen der Technik mühsam am Leben erhalten, winkten sie mir am Ende solcher Zeremonien lächelnd zu. Seltsam, aber wahr!

Wahrscheinlich hätte ich ohne meine eigenen wundersamen Erfahrungen den sogenannten Geistheiler von den Inseln des ewigen Frühlings gar nicht gebeten, ins TV-Studio zu kommen. Zu unglaubwürdig! Zu viel Zauber! Zu viel Scharlatanerie! Das sind ja die abwertenden Urteile dieser angeblich so aufgeklärten Welt. Der Unterschied zwischen dem fremden Geistheiler und mir bestand allerdings darin, dass Heilung bei mir zwar funktioniert hatte, immer wieder mal, aber ohne System und Vorhersage; ich machte meinen Glauben an Gott dafür verantwortlich. Und wenn ich es dann und wann selbstverliebt meinem Ego mit seinen eigenen Fähigkeiten zugutehalten wollte, bekam ich von oben gleich eins auf den Deckel. Eine Lektion an Demut war wieder einmal fällig geworden.

Horst Krohne aber schien auf ein von ihm entdecktes System oder Wissen vom Heilen allgemein zurückgreifen zu können. Ich als junger Pfarrer schaute eher auf einen kranken elenden Menschen in seinem durchschwitzten Bett und machte ein Ritual von außen, ohne viel zu wissen und geforscht zu haben. Ein gesunder Instinkt schien mich dabei zu leiten. Horst Krohne hingegen konnte offenbar durch die Haut des Kranken in den Körper schauen oder wie ein moderner Scanner an den Flughäfen auf Stellen im kranken Körper reagieren, die eine andere Ausstrahlung hatten. So irgendwie stellte ich mir das damals jedenfalls vor … und deshalb nahm ich ihn nach der Sendung gleich in Beschlag.

Eine betagte Nachbarin von mir lag auf den Tod darnieder, weil ihre Nieren nicht mehr funktionierten. Und an die Maschine wollte sie nicht. Das Leben und Sterben war für sie eine Art Verabredung zwischen Gott und ihr. Dem vertraute sie voll und ganz. Aber eine Maschine dazwischen zu schalten war ihr fremd. Und weil ich seinerzeit abends nach der Fernseharbeit immer mal wieder kurz bei ihr reinschaute, ob oder wie es wohl auf das Ende zuginge, fragte ich Horst Krohne, ob er spontan Zeit hätte, mich zur alten Nachbarin nach Hause zu begleiten. »Ja!«, war seine Antwort. Viel mehr hat er nicht gesagt, und eine gute Stunde später standen wir am Bett der Frau, die mit ihrem Leben abgeschlossen hatte und bereit war, ihrem Mann zu folgen, der ein Jahr vorher gegangen war.

Ich stellte ihr meinen neuen Freund und seine Heilkunst vor. Da schaute sie mich an, eher ungläubig als gläubig, klug, durchdringend, auch skeptisch belehrend, schließlich überfällt man nicht eine alte bettlägerige Dame mit einem fremden Mann und solchen Worten; dann aber ein Lächeln und ein Nicken. Und die Behandlung begann. Ich blieb dabei, sozusagen als vertrauenswürdige Brücke, und kann bezeugen, dass Horst Krohne ihr nichts gab außer seiner Aufmerksamkeit und seiner Art von Diagnose. Es war, als könnte er ihr in die Nieren schauen, um ihr dann zu sagen, dass ihr Leid dort seinen Ursprung habe. Verblüfft antwortet sie, dass sie nur noch eine Niere hat. Krohne lächelt sie an und sagt, sie könne umkehren, zurück ins Leben. Die Niere würde ab jetzt noch Jahre für sie arbeiten und entgiften. Und ... Er hatte Recht! Erst Jahre später begrub ich die Dame auf einem kleinen Kirchhof im Voralpenland neben ihrem geliebten Mann. Und Harry Valérien, der große weise Mann des ZDF, hielt eine bewegende Trauerrede im Geiste Buddhas. So war das.

Dies alles ist nun schon lange her, bald ein Vierteljahrhundert, und seitdem haben sich Tausende von Leuten, darunter Ärzte und viele Heilpraktiker, aber eben auch sonstwie feinfühlige Mitmenschen, von Horst Krohne in dem unterrichten lassen, was er weiß. Sie alle wollten – wie er – »wissen, um zu helfen«. Ich hatte im Fernsehen nur die Brücke gebaut, in unserer alltäglichen Erfahrung nach Anhaltspunkten gesucht, damit das eigene Bewusstsein nicht gleich auf stur schaltet, wenn etwas völlig Neues und Unbekanntes erst einmal vorsichtig von uns gekostet und dann vollends gefressen und verdaut werden will. Ich bin ein Brückenbauer, ein Vermittler, der dafür sorgt, dass man nicht aneinander vorbeiredet, sondern im Verstehen eine liebende Resonanz erlebt, die einen weiter in seine eigenen Tiefen und Fragen nach dem Leben führt. Hatte der Meister aller Geistheilung, der junge Rabbi aus Nazareth, aus der semitisch-arabischen Welt nicht ebenfalls gesagt, dass man allein mit einem einzigen Wort heilen kann? Irgendwas Abgerissenes, Isoliertes, Abgesündertes fand er wohl in den Seelen der Kranken vor und verknüpfte sie auf seine Art wieder mit der heilenden Kraft des Universums, die er als väterlich erfuhr.

Gerade habe ich Horst Krohne auf Teneriffa besucht. Er wird nächstes Jahr neunzig Jahre alt und steht vor mir in seiner langen weißen Sommerhose wie ein Kapitän auf seiner Brücke. Braungebrannt, durchgedrücktes Rückgrat, die Hände auf dem Rücken übereinandergeschlagen, strahlt er mich an, freut sich und heißt mich willkommen. Wer bin ich, dass er sich so freut? »Du bist der, der die Menschen liebt!«, hat er einmal zu mir gesagt und mich mit diesem Satz quasi durchschaut. Stimmt! Mehr bin ich nicht. Aber auch nicht weniger. Und jetzt steht er da, gar nicht als Greis oder alter gebeugter Mann, gar nicht!

Als wenn die Zeit ihm kaum etwas anhaben könnte.

Und er fackelt auch nicht lange und erzählt gleich drauflos, was in den letzten Jahren sein Forschungsgebiet gewesen ist. »Wissen, um zu helfen!«, sagt er immer wieder. »Wissen, um zu heilen!« Nicht im dunklen Unbekannten herumstochern. Erst wissen, dann heilen. Und das bedeutet für ihn, dass es nur ein erster Schritt war, zu erkennen, wie er helfen und heilen kann, was er lange nicht wusste; er wusste nicht, was jenseits unseres Bewusstseins für Fäden gezogen wurden und werden, Fäden, die ich immer etwas oberflächlich und generös dem lieben Gott zugeordnet habe. Und dann legt er los, als wäre es seine Mission, die Summe seiner Arbeit, die Summe seines Wissens, und er erzählt, wie weit er vorgestoßen ist in das so unbekannte und unerforschte Gebiet unseres Bewusstseins, von dem wir alle wissen, dass wir nur die Spitze eines Eisbergs begriffen haben und ein unendlich großer Teil noch in unserem Unterbewusstsein lagert. Aber was steckt hinter dem Unterbewusstsein? Wer herrscht da? Und was verbindet uns mit unserer Welt? Elektromagnetische Felder? Und wenn, wovon werden die beherrscht?

Da springt der Theologe in mir an und berichtet von seiner Erfahrung, dass es wohl so etwas gibt wie eine Führung im Leben und dass wir sie dann am ehesten wahrnehmen, wenn wir aufhören, uns immer weiter zu beschweren an Geist, Körper und Seele, wenn wir lernen hinzunehmen und uns hinzugeben an das Koordinatensystem eines geglückten Lebens voller Liebe. Da nickt mein neuer alter Lehrer und erzählt von den anderen unsichtbaren, unspürbaren Dimensionen des Lebens. »Es gibt weit mehr als unsere fünf Sinne in Raum und Zeit«, sprudelt es aus ihm heraus. Und dann kommt es. Als ich frage, woher er das weiß, sagt er: »Lehmann.« Lehmann habe es ihm erzählt. Lehmann ohne Vornamen. Einfach nur Lehmann. Als ob der in der Nachbarschaft wohnte, *next door*, und jeder ihn kennen würde. Einfach nur Lehmann. Lehmann ist sein Touristenführer in der Geistigen Welt. Als stammte Lehmann auch aus Berlin wie Krohne, selber Bezirk, andere Straße.

Soll ich Lehmann einen Engel nennen? Warum nicht. Kann gut sein. Engel lass ich mir gefallen. Es sind ja nicht einfach Menschen mit Flügeln, sondern liebevolle Wesenheiten außerhalb unserer Raum-Zeit-Welt, die uns tiefe und ergreifende Botschaften bringen … wie Lehmann. Und die gibt es nicht nur bei uns. Die gab es in allen Kulturen zu allen Zeiten. Bei frühen schamanistischen Kulturen angefangen, über den alten Orient und seine spirituellen Wurzeln, indianische und afrikanische ebenso. Ohne Engel gibt es auch keine Bibel, ohne Engel keinen Jesus, ohne Engel keine Auferstehung, ohne Engel kein Los Angelos. Ohne Engel gibt es keine vierzehn Englein im Kindergesang und kein Sterben. Das ist nun wieder etwas, was ich aus eigener Erfahrung beim Sterben von Gemeindegliedern oft miterlebt habe. Das lasse ich gelten. Das trifft auf Resonanz mit meiner Erfahrung.

Schwierig ist nur das mit den Durchsagen, denn mittlerweile beruft sich jeder esoterische Hinz und Kunz darauf, Durchsagen zu erhalten. Um mich durch diesen Dschungel der Verrückten oder Entrückten zu kämpfen, nehme ich gerne ein einfaches Buschmesser zur Hand: Die Engel der Bibel kündigen sich immer mit einem Gruß an: »Fürchtet euch nicht!« Ohne diese Friedens-Begrüßung können sie nicht von dem sein, der sie gesandt haben soll. Es sind Boten der Liebe in heller und mehr noch in dunkler Zeit. Sie können weiter schauen. Sie sind Teil einer anderen Dimension. Sie dies sein zu lassen ist schon der erste Schritt in die *Wirkweise* dieser Dimension. Wer Angst in die Herzen der Menschen einträufelt ist kein Engel. Folglich scheint Lehmann eine Art Engel zu sein. Und dass er Lehmann heißt, ist wohl auch darauf zurückzuführen, dass Horst Krohne seine Wurzeln in Berlin hat, wo vor ein paar Generationen noch jeder zweite Lehmann hieß. Also gewöhnlich.

Als Horst mir erzählte, wie er seinen Engel und Geistführer nach seinem Namen fragte, was ja seit Rumpelstilzchen auch immer bedeutet, wer über wen Macht ausübt, und der Gefragte antwortete: »Nenn mich einfach Lehmann!« … Das hatte was! Ich musste grinsen. Nix aufgeplustertes Arkanwissen plus Hindu-Assoziation mit indianisch-exotischem Einschlag. Nein: Lehmann! Einfach Lehmann. Nüchternheit als Programm.

Und dann erzählte Lehmann dem Krohne, wie es hinter den Kulissen unserer Raum-Zeit-Welt ausschaut, als wäre er ein aus einer anderen Welt auf unsere Erde gefallener Typ. Er füllt mit seinem Wissen das Vakuum, das Shakespeare uns hinterlassen hat, als er seinen Hamlet ausrufen lässt, es gäbe mehr zwischen Himmel und Erde, als die Schulweisheit uns beigebracht hat. Er erzählt von den Hierarchien jenseits unseres Bewusstseins, wie wenn man durch das dunkle Tal aus Psalm 23 in das Licht schaut und endlich das erkennt, wovon man vorher meinte, dass es wohl für immer im Dunkeln bliebe. Und dass hinter allen Dimensionen eine liebende Energie existiert, die sich sorgt. So wie die Sterbenden oft erst in der Stunde ihres Abschieds erkennen, dass sie rückblickend an langen Energiefäden unterwegs waren.

Ist das alles Quatsch und der Einsamkeit eines alten Mannes unter der Sonne der Kanaren geschuldet? Dagegen spricht so manches, zum Beispiel der aufgeklärte Augustinermönch und Revoluzzer Martin Luther. Der war nie so entrückt wie ein Jakob Böhme, der erste deutsche Theosoph, der aus eigenem Erleben von anderen Dimensionen redete. Luther war nie dort. Aber er hatte ein Gespür, dass es neben den Gottesboten auch Hierarchien geben müsse, die wiederum andere Dimensionen der Schöpfung repräsentieren. Erzengel, also alte, gelehrte würdigere Engel! Repräsentanten einer immer weiteren, höheren und anderen Wirklichkeit. Mit Luther singen wir seitdem einen Choral über die diversen Ebenen des Himmels mit folgendem Text: »Fürstentümer und Gewalten, Mächte, die die Thronwacht halten, geben IHM die Herrlichkeit!« Und alle christlich geprägte Kunst kennt und malt diese Dimensionen und ihre »Fürsten« seit alters her.

Folglich steht Horst Krohne in einer ziemlich ehrwürdigen und gediegenen Tradition. Da spricht kein Spinner, sondern einer, der ohne das Studium der spirituellen Traditionen und Bilder aus sich heraus diese Dimensionen erspüren und erkennen darf. Spannend, wie ich finde! Die Offenbarungen des Himmels sind eben nicht mit der letzten Seite der Bibel beendet auf alle Zeiten hin. Sie gehen weiter und kommen zu denen, die ein reines Herz haben. Das ist der nächste Fixpunkt, an dem der Gläubige festmachen kann, ob die Botschaften des Herrn »Lehmann« durch Horst Krohne rein und lauter sind.

Von Anfang an, seit meiner ersten Begegnung mit Horst, wie ich ihn mittlerweile nenne, hatte ich das Gefühl, dass ich es mit einem Mann ohne jede Egoverführung zu tun hatte. Die Stimme völlig unaufgeregt, das Aussehen wie das eines mittleren Verwaltungsbeamten mit Thermoskanne und »Hasenbrot« (Berliner Ausdruck für Stulle) für die Mittagspause. Einer, der das Angeben entweder nie lernen musste oder es verlernen durfte. Keine großen Gesten. Nichts Äußerliches. Alles kommt von innen. Und das ist so geblieben.

Und was ist nun das Fazit dieser Abenteuerfahrten und Odysseen durch die anderen Wirklichkeiten unseres Bewusstseins, die Horst immer wieder erfahren und uns mitteilen darf? Es ist dasselbe, das schon Albert Einstein und Charly Chaplin hatten, nämlich, dass wir die treibende Kraft des Universums am besten so beschreiben und erleben können, wie wenn wir Liebende wären.

Zugewandt und aneinander interessiert. Und für denjenigen oder diejenige am ehesten aufspürbar, der oder die in großer Liebe durch ihr Leben gehen können, die nicht den heiraten, den sie lieben, sondern den lieben, den sie heiraten. Das ist nicht nur ein Unterschied, irgendeiner, sondern der entscheidende.

Und da sitze ich nun hier, unter den langsam verblühenden Mandelbäumen auf Teneriffa, und mir fällt ein Lied ein, dass ich gerne singe: »Freunde, dass der Mandelzweig wieder blüht und treibt, ist das nicht ein Fingerzeig, dass die Liebe bleibt? Tausende zerstampft der Krieg, eine Welt vergeht, doch des Lebens Blütensieg leicht im Winde weht.«

In einer Rede, die er kürzlich hielt, sagte Horst: »Als ich das Leben zu lieben lernte, ebnete sich auf einmal der Weg vor mir wie von selbst.« Da weht ein leichter Abendwind über die Insel und spielt mit den lichter gewordenen grauen Haaren des Lehrers, Meisters, Rabbis … was immer er sein mag. Und er nimmt den leichten Windzug wahr und streicht die Haare langsam und liebevoll mit seiner alten Hand mit den dunklen Altersflecken wieder glatt. Alles wird gut. Horst Krohne weiß viel, um zu helfen. Helfen, nicht heilen! Er ist ein Helfer einer höheren Macht. Mehr nicht. Aber eben auch nicht weniger.

Jürgen Fliege

Fünfundzwanzig Jahre lang mit Horst Krohne befreundet und wie dieser auf den Kanaren wohnhaft, ist Jürgen Fliege Deutschlands bekanntester Pfarrer. Er ist TV- und Radiomoderator, Filmemacher und Publizist, ein ungeduldiger Streiter für neue spirituelle Erfahrungen und umfassende religiöse Toleranz. Seit 2010 lebt er im Un-Ruhestand.

Zwei Auftritte von Horst Krohne in der legendären TV-Talkshow FLIEGE finden Sie auf YouTube unter https://youtu.be/NOAPY-ouZDg und https://youtu.be/HY8ol6LFsYg.

Einführung

Eines der größten Rätsel der Menschheit ist bis heute die Frage: Woher kommt unser Bewusstsein? Immerhin ein Bewusstsein, das in der Lage ist, alle biologische Prozesse zu steuern. Dieses Bewusstsein steuert unsere Sinnesorgane, die Heilung und Regeneration sowie die Verdauung in Symbiose mit der Darmflora. Aber was ist das für ein Bewusstsein, dem es möglich ist, unser Erbe, unsere Gene, zu lesen und zu verwalten? Woher kommen unsere Talente und Eigenschaften, die wir nicht erst erlernen müssen, sondern in dieses Leben mitgebracht haben? Fragen über Fragen, die wir mit unserem Verstand – unserem Intellekt und Wissen – nicht eindeutig beantworten können.

Und ich habe noch gar nicht die Talente erwähnt, die sich bei einigen von uns beobachten lassen und die gewöhnlich als außersinnliche Wahrnehmungen oder Medialität beschrieben werden. Dieser Bereich des Bewusstseins geht sogar noch weit über die Intuition hinaus und ist in einigen Fällen in der Lage, die stabilen Naturgesetze zu umgehen oder zu manipulieren.

Das habe ich als medialer Geistheiler selbst erlebt, bei wundersamen Regulierungen, bei Heilungen mit spontanen Gewebeveränderungen und der Bildung oder Auflösung fester Strukturen. Ich finde es ganz erstaunlich, dass so viele Menschen, wenn Sie das Geistige Heilen erlernen, in sich den Zugang zu außersinnlichen Kräften finden und diese bei der Anwendung der erworbenen Fähigkeiten auch erfolgreich einsetzen können.

Betrachten wir noch eine andere Art übersinnlicher Fähigkeiten. Sie besteht darin, in Gedanken Informationsgespräche mit Engeln oder Geistwesen zu führen. Ich selbst habe diese Fähigkeit erlernt und wende sie seit fünfzig Jahren erfolgreich an. So empfange ich regelmäßig Informationen über den Hintergrund und den Fokus von Krankheiten, mit Hinweisen, wie und mit welcher Methode ich heilend einwirken kann. Man hat mir nie konkret erklärt, ob ich diese Informationen aus dem Jenseits, dem Geistigen, meiner Seele oder einem anderen Bereich bekomme. Meine entsprechenden Fragen, aus welcher Dimension und durch welche Energien sie zu mir gelangen, wurden immer elegant umschifft. Dafür wurde mir mehrmals gesagt, dass ich nicht in der Lage sei, die jenseitigen Strukturen, das allumfassende Bewusstsein oder Gott zu verstehen.

Doch dann, im Jahre 2021, wurde ich zu einem Bericht über das zwölfdimensionale kosmologische Modell des Physikers Burkhard Heim geführt, und ich erkannte darin einen Zusammenhang mit dem von mir praktizierten Geistigen Heilen. Natürlich wandte ich mich gleich mit der Bitte an meinen Geistführer, mir zu erklären, was es mit den Strukturen des Jenseitigen, wie Heim sie beschrieb, aus seiner Sicht denn auf sich hat. Es vergingen einige Monate, bis mein Geistführer darauf reagierte, aber dann teilte er mir in einer Meditation mit: »In den nächsten anderthalb Jahren werde ich dir Rede und Antwort über die zwölf Dimensionen des Lebens stehen, und du wirst ein Buch darüber schreiben. Deine Fragen und meine Antworten werden ein Strukturbild der verschiedenen höheren Dimensionen entstehen lassen. Diese Strukturen werden nicht die Wirklichkeit widerspiegeln, denn das menschliche Bewusstsein ist noch nicht in der Lage, die jenseitigen Dimensionen voll bewusst wahrzunehmen. Ich werde sie aber so erklären, dass du sie verstehen, dir ein Bild von ihnen machen und sie beschreiben kannst.«

Aufgrund meiner jahrzehntelangen Heilerfahrungen und Meditationen habe ich keine Probleme mit dem Jenseitigen und den Begriffen Seele und Geist. Auch der angekündigte Dialog mit meinem Geistführer (der sich Lehmann nennt) war mir durch unzählige frühere meditative Dialoge vertraut. Ich hatte zwar keine Vorstellung davon, was sich in den jenseitigen Dimensionen abspielt und in welchem Verhältnis Geist und Seele zu unserem menschlichen Bewusstsein stehen, aber schon oft hatte ich in der Meditation meinem Geistführer Fragen über das Jenseitige gestellt. Sie bezogen sich auf die unterschiedlichen Eindrücke, die ich in der Meditation wahrgenommen hatte, selbst wenn ich mir bisher kein klares Bild und keine Vorstellung von den Strukturen des Jenseits hatte machen können. Doch viele dieser Durchsagen hatten zu einer mentalen Beruhigung geführt, in der mir bewusst geworden war: Beim Geistigen Heilen entstehen Regulierungen, die mit den Naturgesetzen nicht zu erklären sind. Deshalb war ich äußerst gespannt auf die zu erwartenden Durchsagen und Erklärungen über den dimensionalen Aufbau des Jenseits und die Verbindungen zu unserer Welt. Vorab kann ich bereits sagen, dass die medial empfangenen Antworten auf meine Fragen mir ein klares Bild über die Natur unseres Bewusstseins vermittelten, und somit auch über Körper-Seele-Geist.

Ich hoffe, dass es Ihnen genauso ergeht wie mir und dass sich auch Ihnen beim Lesen das mir beschriebene Weltbild erschließt und Sie Dinge über die Schöpfung erfahren, die Sie schon immer wissen wollten.

Horst Krohne

Puerto de la Cruz, Teneriffa, Kanaren

Die zwölf **Dimensionen**

In unserer täglichen Wahrnehmung, unserem vertrauten Umfeld, gibt es keine Hinweise darauf, dass weitere Dimensionen existieren könnten. Wir leben in einer dreidimensionalen Welt aus Länge (lineare Dimension), Breite (flächige Dimension) und Höhe (räumliche Dimension). Hinzu kommt als zusätzliche Dimension die Zeit als Bewegung, Geschwindigkeit, deren Wahrnehmung es uns ermöglicht, uns bezüglich aller Abläufe und Veränderungen in unserem Lebensraum zu orientieren.

Unsere Lebenserfahrung sagt uns, dass wir in drei Dimensionen leben, und in der Dreidimensionalität braucht alles seine Zeit, weil Bewegungen und Abläufe innerhalb des Raumes Zeit benötigen. Irgendwie gehört also die Zeit zum Raum mit seinen drei Dimensionen, dem, so wird es heute genannt, Raum-Zeit-Kontinuum. Wir leben in diesem Raum-Zeit-Kontinuum und haben uns mit all unseren Sinnen, unserem Denken und unseren Entscheidungen erfolgreich daran angepasst.

Es ist unsere Welt, unser Universum. Damit wäre eigentlich schon alles gesagt, denn unsere Wissenschaft erklärt und beschreibt alle Vorgänge sehr präzise und umfassend, ausgehend von den drei Dimensionen. Wir haben also keine Veranlassung, etwas anderes anzunehmen – es sei denn, wir glauben an Gott, an etwas Jenseitiges, an etwas, das außerhalb dieser Welt existiert.

Wenn wir über andere Dimensionen, über das Jenseits sprechen, halten sich viele Wissenschaftler die Ohren zu, weil es bisher keine allgemein anerkannten technischen, physikalischen Methoden gibt, um deren Existenz nachzuweisen. Wenn ich dennoch versuche, diese möglichen weiteren Dimensionen zu beleuchten oder gar zu beschreiben, dann deshalb, weil ich als Geistheiler beeindruckende Erfahrungen machte, die meine Zweifel ausgeräumt haben. Diese Erfahrungen sind aus naturwissenschaftlicher Sicht nicht erklärbar. Sie werden aber für uns alle verständlich, wenn wir das Jenseits als weitere Dimension und Realität akzeptieren.

Die Annahme, dass es ein Jenseits geben muss, wird immer dann für uns nachvollziehbar, wenn beim Geistigen Heilen Einwirkungen auftreten, die mit unserer Wahrnehmung und unserem Wissen nicht erklärbar sind und daher gemeinhin als Wunder verstanden werden. Die Erklärungsnot wird noch größer, wenn man als Medium Sprechkontakt zu seinem Geistführer aufnimmt, der einem auf die Frage, von wo er denn zu einem spricht, antwortet: »Aus der Geistigen Welt.«

So erging es mir selbst viele Male. Immer wieder habe ich mich in der Meditation erkundigt, wie ich mir die Geistige Welt vorstellen soll. Ich erhielt die unterschiedlichsten Antworten: »Ich spreche zu dir aus dem ›Ewigen Jetzt‹.« Oder: »Deine Seele übersetzt meine Worte aus einer Dimension jenseits deiner Vorstellungskraft.«

Aber es war ja nicht allein der Sprechkontakt. Während des Heilens trafen meine geistigen Führer immer wieder Aussagen über den Verursacher oder den Grund für die Entstehung einer Krankheit, die sich als richtig und wertvoll für eine Therapie erwiesen. Daher wurde ich nicht müde zu fragen: Woher kommt dieses Wissen? Warum werden wir von der Geistigen Welt beobachtet, diagnostiziert, und warum wird überhaupt, wenn nötig, korrigierend eingegriffen? Warum das alles?

Während der vielen Jahre meiner Tätigkeit als Heiler erhielt ich einige Erklärungen, wie Heilung mit geistigen Kräften geschieht. Aber nie erhielt ich eine Erklärung oder ein Bild, dass mir eine Vorstellung vermittelte, ob es weitere Dimensionen als die uns bekannten gibt und wie sie gegebenenfalls beschaffen sind.

Als ich im Jahr 2022 wieder einmal wissen wollte, wie ich mir die Geistige Welt vorstellen könne, erhielt ich von meinem geistigen Helfer Lehmann eine erste Antwort. Sehr deutlich wurde mir mitgeteilt, dass meine Neugierde in den nächsten eineinhalb Jahren während der Arbeit an einem Buch gestillt werden würde. Und man stellte mich vor die Herausforderung, »mit deiner

Sinneswahrnehmung, die auf deine Welt ausgerichtet ist, eine Sichtweise zu entwickeln, die auch noch ganz andere Dimensionen mit einbezieht.«

Am Anfang des Dialogs, den ich mit Lehmann über die verschiedenen Dimensionen führte und den ich im Folgenden wiedergebe, möchte ich einige menschliche Sichtweisen über Gott und die Welt, übers Diesseits und Jenseits aufzeigen. Sie werden das menschliche Wissen immens erweitern, auch wenn tief gläubige Menschen schon immer überzeugt waren, dass es das Jenseits oder den Himmel oder das Paradies gibt. Solche Vorstellungen existieren schon seit Jahrtausenden, und genauso lange kursieren die unterschiedlichen Beschreibungen der jenseitigen Welten. Es handelt sich dabei aber nur um Glauben, nicht um Wissen. Dieser Glaube erklärt sich daraus, dass fast alle Menschen sich nach einem Paradies sehnen. Und wenn es hier auf Erden nicht erreichbar ist, muss der Himmel eben dafür herhalten. Weil Glauben so schön einfach ist, wurde auch gleich noch die Hölle für all die Bösewichte erfunden, die sich der irdischen Gerichtsbarkeit entziehen.

Dabei finden sich über das, was im Jenseits, nach unserem Ableben, mit uns geschehen wird, in den verschiedenen Kulturen ganz unterschiedliche Beschreibungen. Viele glauben, was ihnen die Religionen erzählen, und leben danach. Sie haben ihr Leben an ihren Glauben angepasst und hoffen, dass er wahr ist und sie durch ihr Verhalten in den Himmel kommen.

In diesem Buch werde ich eine andere Sichtweise des Jenseitigen beschreiben, die nicht den Religionen verpflichtet ist. Ich möchte aber klarstellen, dass es auf keinen Fall meine Absicht ist, Glaubensbekenntnisse zu negieren oder infrage zu stellen. Mir ist bewusst, dass wir Menschen Hoffnung und Glauben benötigen. Ich gehe sogar so weit, dass es ganz gleich ist, welche Religion ein Mensch praktiziert, Hauptsache, er hat überhaupt einen Glauben. Menschen ohne Hoffnung und Glauben sind verloren, werden krank und tun die verrücktesten Dinge, meistens wider die Natur. Sie verlieren die Hoffnung, entwickeln Ängste und Depressionen.

Als Heiler habe ich immer wieder festgestellt, dass viele meiner Klienten an Krankheiten litten, deren Ursache mit dem Glauben zu tun hatte. Diesen Menschen konnte ich nur helfen, wenn es mir gelang, ihnen ihre falschen Glaubensmuster aufzuzeigen, so dass sie eine gesündere Sichtweise entwickeln konnten.

Es ist sehr schwer für den Einzelnen, seine fest verankerten Glaubenssätze, die sein Leben so stark beeinflussen, zu verändern. Das musste ich in Gesprächen mit Hilfesuchenden ein ums andere Mal feststellen. Besonders schädlich wirkt sich übrigens der Glaube aus, Krankheiten und immer wiederkehrende Probleme wären Schicksal und Karma. Auch bestimmte Vorstellungen über Gott, bewusst und unbewusst – zum Beispiel: ich bin ein armer Sünder und Gott bestraft mich – können das Leben eines Menschen stark prägen.

Es ist schwer, einen solchen Menschen in eine andere Denk- und Handlungsweise zu führen, und das größte Problem scheint dabei zu sein, dass wir über kein konkretes Wissen im Hinblick auf das Jenseits verfügen. Es gibt darüber keine lebendigen, gut nachvollziehbaren Erkenntnisse. Wenn es das jenseitige Leben gibt, welchen Einfluss hat es dann auf unser irdisches Leben und welchen Stellenwert hat der Schöpfer, Gott? Hinzu kommt noch die Frage, ob wir wirklich einen freien Willen haben oder uns das nur einbilden.

Wenn ich in diesem Buch den Versuch unternehme, die jenseitigen Dimensionen auf neue Art zu beschreiben, geschieht das, weil mir als Heiler mit medialen Fähigkeiten Durchsagen und Handlungsanweisungen übermittelt wurden, die mich in die Lage versetzten, unsere diesseitige Welt mit ihren Erscheinungsformen zu verändern. Mit anderen Worten: Ich bekam mediale Durchsagen über die Hintergründe von Krankheiten, über krank machende Glaubenssätze und deren Auswirkung auf das Leben. Ich erhielt obendrein Anweisungen und Handlungsempfehlungen, obwohl ich kein Wissen über das Geschehen und das Denken des betreffenden Menschen und seine daraus entstandenen Handlungen hatte. Aufgrund dieser Erfahrung kam ich zu dem Schluss, dass es ein Bewusstsein außerhalb unserer Welt geben muss, das Zugriff auf unser hier wirkendes Bewusstsein hat.

Wenn wir davon ausgehen, dass wir mit unserem schöpferischen Bewusstsein unsere Welt formen und bestimmte Dinge erschaffen, dann muss es ein höheres Wissen geben, das auf uns einwirken kann – ein anderes, umfassenderes Bewusstsein. Deswegen war ich sehr erfreut, als Lehmann zu mir sagte, er werde mir alle meine Fragen über das Jenseitige mit seinen Dimensionen beantworten. Ich war gespannt und freute mich auf seine Darlegungen und darüber, dass daraus sogar ein Buch entstehen würde. Einiges über das geistige Leben wusste ich ja schon, denn bei vielen Heilsitzungen und Gesprächen mit meinem Geistführer über die Entstehung von Krankheiten hatte ich so manche erhellende Antwort bekommen. Auch die Dialoge, aus denen das Buch *Die Geistige Schöpfung des Lebens* entstand, trugen dazu bei, dass ich heute ein klareres Bild über das Jenseits habe. Nur über die Dimensionen und deren innerem Aufbau hatte ich bisher nichts Konkretes erfahren.

Doch bevor ich Ihnen nun die Dialoge vorstelle, durch die ich Aufschluss über die Schichtung der Dimensionen erlangte, möchte ich Ihnen noch einmal nahebringen, wie ich geistige Botschaften empfange und wie ich in diesen Prozess hineingewachsen bin. Häufige Nachfragen meiner Klienten und Schüler haben gezeigt, dass ihnen das den Zugang und das Verständnis erleichtert.

Deshalb hier also in aller Kürze mein medialer Werdegang: Es begann mit reiner Neugier. Ich wollte herausfinden, was beim Geistigen Heilen geschieht. Viele Kenntnisse gewann ich in den Jahren 1975 bis 2000 in meinem Heilzentrum auf Teneriffa. Über mehrere Jahre lud ich Geistheiler dorthin ein, und weil ich bei fast allen Heilsitzungen als Beobachter anwesend war, wurde ich Zeuge vieler unerklärlicher Phänomene.

Die Gespräche mit den Heilern darüber, wie sie ihre Heilungen vollbringen, liefen immer auf das Gleiche hinaus: Sie heilen nicht selbst, sondern *es heilt durch sie*. Die Kraft, die durch sie fließt, komme, wie sie immer wieder sagten, von einem Engel oder geistigen Führer. Alle betonten, sie hätten ihre Fähigkeiten in jahrelanger Meditation entwickelt, weil sie nur im meditativen Zustand mit Geistwesen in Kontakt kämen und Heilenergie von Spirit empfangen. Doch keiner von ihnen konnte mir erklären, welche Energien es denn waren, die durch ihn fließen, und welche Gesetzmäßigkeiten dahinter stehen. Dabei erschien mir nichts wichtiger als diese Frage nach den Energien oder Gesetzen, die dabei zum Tragen kommen, denn bei vielen ihrer Heilungen entstehen Regulierungen, die mit unserem bisherigen Wissen nicht erklärt werden können.

Deshalb bezeichnen wir sie als Wunder.

Von meinen Lehrern erfuhr ich, dass ich, wenn ich mit der Geistigen Welt in Kontakt treten wollte, jahrelang nach bestimmten Methoden meditieren und während der Meditation meinen Verstand, mein Denken, weitgehend ausschalten musste. Mir wurde gesagt: »Du wirst mit Kräften und Dimensionen in Kontakt kommen, die dein Verstand nicht erklären kann, besonders wenn du das Außersinnliche zu ergründen versuchst.«

Genau diese Aussage brachte mich dazu, Kontakt zu einem höheren oder geistigen Bewusstsein aufzunehmen. Über viele Jahre bat ich mein Tagesbewusstsein, als stiller Beobachter bei meinen Meditationen dabei zu sein, was normalerweise beim Meditieren nicht erwünscht ist. Ich suggerierte meinem Denken, dass es wichtig ist, auch auf dieser Ebene zu lernen. Ich animierte meinen Verstand, als stiller Beobachter anwesend zu sein, und zwar mit der Formel: »Ich möchte wissen, um zu helfen!«

Das funktionierte so gut, dass ich diese Formel heute in der von mir gegründeten *Schule der Geistheilung nach Horst Krohne®* lehre. Viele ausgebildete Heiler wurden mit Hilfe dieser Methode zum Medialen Heiler, mit Kontakt zu einem Geistführer. Diesen Kontakt pflege ich nun schon mehr als fünfzig Jahre und habe beim meditativen Heilen einiges über die Strukturen und Wechselwirkungen zwischen unserer Welt und dem Jenseits erfahren. In meinem Buch *Ich möchte wissen, um zu helfen!* ist ein großer Teil dieser Durchsagen beschrieben, doch das, was ich im Folgenden wiedergebe, war für mich neu.

Dialog mit *LEHMANN*, einem meiner geistigen Führer

1

Die zweite Ebene: Einwirkungen der fünften bis achten Dimension auf unsere vierdimensionale Realität

Nicht zuletzt durch die von mir empfangenen Heilinformationen ist mir bewusst geworden, dass du, mein geistiger Freund, in einer anders strukturierten Welt lebst, die nichts mit dem gemeinsam hat, was wir hier über unsere Welt mit den drei Dimensionen und der Zeit wissen. Deshalb möchte ich dich fragen: Gibt es auch in der Geistigen Welt Strukturen, die wir als Dimensionen verstehen können?

Lehmann: Genau, wie ihr eure Welt begrifflich in Länge, Breite und Höhe einteilt und zusätzlich noch die Zeit habt, um eure Welt zu beschreiben und euch im wahrsten Sinne des Wortes in ihr zurechtzufinden, so haben auch wir klare Strukturen, in denen wir uns bewegen. Genau wie ihr haben wir verschiedene Dimensionen, die durchaus zu vergleichen sind mit den dimensionalen Aufteilungen in eurer Welt.

Das erstaunt mich jetzt aber. Noch nie wurde mir in einer Durchsage mitgeteilt, dass verschiedene Dimensionen den Hintergrund der Geistigen Welt bilden, und schon gar nicht, dass man sie mit unseren Dimensionen vergleichen kann. Habt ihr denn ebenfalls, wie wir in unserem Raum-Zeit-Kontinuum, eine Viereraufteilung?

Lehmann: Ja, die haben wir, aber sie ist nicht mit euren vier Dimensionen zu vergleichen. Auf unserer Ebene herrschen völlig andere Gesetze und Bedingungen.

Ich nehme an, das ist so, weil ihr Geistwesen keinen Körper habt? Anders kann ich mir das nicht erklären.

Lehmann: Du hast recht, mein Freund. Das ist für euch der offensichtlichste Faktor, und deshalb habt ihr ihn gedanklich zu akzeptieren gelernt. Doch viel größer ist ein anderer Unterschied: Wir kennen das, was ihr Zeit nennt, gar nicht. Für uns ist alles immer gegenwärtig – und das bedeutet, dass, in euren Begriffen ausgedrückt, alles jetzt ist, also gleichzeitig.

Ehrlich gesagt, habe ich eine solche Antwort erwartet. Beim Heilen mit geistigen Kräften bekam ich schon mehrmals Hinweise darauf, dass es einen großen Unterschied zwischen unserer Welt und den Zeitlosen Ebenen des Jenseitigen gibt. Aber wie findet ihr euch dann in eurer Welt zurecht? Ich kann mir das gar nicht vorstellen. Für mich braucht alles seine Zeit – egal, ob wir etwas beschreiben oder wir beide uns zum Beispiel unterhalten, stets vergeht für mich Zeit. Wenn du sagst, dass für dich alles gleichzeitig geschieht, müsstest du ja schon immer alles wissen. Auch meine künftigen Fragen, die ich dir zu irgendeiner anderen Zeit stellen werde, müssten dir dann bereits bekannt sein.

Lehmann: Ich kenne tatsächlich alle deine künftigen Fragen schon jetzt. Damit wir dieses Gespräch überhaupt führen können, musste ich mein Bewusstsein so justieren, dass ich mich in deine Denkweise, die nun einmal an die Zeit gebunden ist, einklinken kann. Ich habe in meinem Bewusstsein, ähnlich wie du, eine zusätzliche Entfaltung entwickelt. Sie ist zu vergleichen mit deiner erworbenen Außersinnlichkeit, deiner Medialität.

Das überrascht mich jetzt doch sehr. Weißt du, die meisten Durchsagen, die ich von dir oder ganz allgemein aus der Geistigen Welt bekommen habe, waren von großer Richtigkeit, und das weckte bei mir die Vorstellung, die Geistige Welt ist allwissend. Gestatte mir deshalb die Frage: Bist du in deiner Welt, so wie ich hier, nicht auch ein Medium?

Lehmann: Ja, so kann man es nennen.

Ich möchte das Jetzt in deiner Welt genauer verstehen. Viele Menschen haben beträchtliche Probleme, sich das Jetzt vorzustellen, egal in welcher Dimension, auch hier bei uns. Eine Welt, in der alles gleichzeitig ist und geschieht, können sie mit ihren Gedanken einfach nicht erfassen; deshalb glauben sie nicht, dass so etwas überhaupt möglich sein kann. Liegt der Grund für dieses Unvermögen vielleicht darin, dass unser irdisches Bewusstsein bisher nur gelernt hat, dass alle Dinge und alle Entwicklungen Zeit benötigen und unser ganzes Denken in zeitliche Begrenzungen eingewoben ist?

Lehmann: Das ist ein guter Ansatz, der dir das Verständnis erleichtern kann. Ich kenne eure Probleme mit der Zeitlosigkeit, obwohl auch ihr in der Zeitlosigkeit lebt.

Wie soll ich denn das verstehen? Auch wir leben in der Zeitlosigkeit? Das widerspricht all unseren Erfahrungen.

Lehmann: Meinst du? Jede Frage, die du mir stellst, stellst du in deiner Gegenwart. Du kannst nicht dieselbe Frage gestern oder zu einem späteren Zeitpunkt gleichzeitig mit der heutigen stellen. Du kannst dir wohl vornehmen, mir morgen die gleiche Frage wie heute zu stellen, aber in jenem Augenblick, wenn du die Frage morgen stellst, stellst du sie nicht morgen, sondern in deiner Gegenwart, im neuen Jetzt. Du kannst es drehen und wenden, wie du willst, niemals kannst du gleichzeitig in der Vergangenheit oder in der Zukunft sein, du bist immer im Jetzt, in deiner Gegenwart. Alle Entscheidungen, die du triffst, getroffen hast oder treffen wirst, triffst du im Jetzt, in deiner Gegenwart. Noch einmal: Was du auch entschieden hast oder entscheiden willst, jede deiner Entscheidungen triffst du immer im Jetzt.

Vielleicht geht es unseren Lesern ja genauso wie mir – man kommt gar nicht erst auf die Idee, wir würden, wie von dir beschrieben, ebenfalls in der Zeitlosigkeit leben. Viel zu sehr ist unser Denken in eine Struktur der zeitlichen Abläufe verstrickt. Du wirst mir also verzeihen, dass ich erst mal bei diesem Thema bleibe. Ich hätte da nämlich eine Frage!

Deine Erklärung kann ich gedanklich akzeptieren, doch in unserer Realität kreisen unsere Gedanken, bei allem was wir tun, immer um Vergangenheit und Zukunft und bleiben dabei in der Gegenwart. Gut, wenn wir etwas entscheiden, findet diese Entscheidung im Jetzt statt. Das kann ich nachvollziehen. Aber warum sind wir solche Zeit-Jongleure?

Lehmann: Weil ihr lernendes Bewusstsein seid.

Nun, ich danke dir für diese kurze und klare Antwort. Das rüttelt mich wach und regt mich zum weiteren Nachdenken an. Wir haben ein lernendes Bewusstsein, soweit kann ich dir folgen, unser ganzes Leben ist ein Lernprozess. Mir war aber nicht klar, was unser denkendes Bewusstsein mit der Zeit zu tun hat oder mit zeitlichen Abläufen. Ist die Zeit der Lernfaktor oder ist uns die Zeit gegeben, weil unser lernendes Bewusstsein zu unbeholfen oder zu langsam ist? Vielleicht kannst du mir darüber ja mehr Klarheit verschaffen?

Wir Menschen können ohne Zeiteinteilung nicht leben. Uns ist die Zeit mit ihren Abläufen bewusst, und ohne zeitliche Abläufe, wie wir sie erleben, ist Leben für uns nicht denkbar. Was hat das mit lernendem Bewusstsein zu tun, hast du darauf eine Antwort?

Lehmann: Stellen wir eines klar: Ihr seid geistige Wesen, die einen Körper beseelen. Ihr seid nicht der Körper, ihr *habt* einen Körper, der in den niederen Dimensionen der Schöpfung von euch verwaltet wird. In diesen Dimensionen sind bestimmte Gesetze festgelegt, und zu diesen Gesetzen gehört auch das, was ihr die Zeit nennt.

Nun, das klingt schlüssig. Dass wir aus Körper, Seele und Geist bestehen und diese drei Bereiche eine Einheit bilden, damit sind wir spirituelle Menschen vertraut. Die Vorstellung, dass wir als Geistwesen unseren Organismus verwalten, ist mir auch nicht ganz unbekannt. Immerhin unterliegen wir bestimmten Gesetzen, das ist für jeden deutlich erkennbar. Aber in Bezug auf die Zeit eröffnet der Begriff des Verwalters unseres Organismus eine völlig neue Perspektive. Ich muss zugeben, das kann ich nicht ganz einordnen.

Warum leben wir als Geistwesen in einem Körper und in der materiellen Welt, entscheiden aber im Jetzt und sind gleichzeitig an die hier herrschenden zeitlichen Abläufe gebunden? Kannst du mir das erklären?

Lehmann: Hab etwas Geduld, du wirst dir deine Frage selbst beantworten können, wenn wir über alle Dimensionen gesprochen haben. Einstweilen sollten wir wieder zu deinem Anliegen zurückkommen, über die multidimensionale Schöpfung zu sprechen. Wie deine Welt begrifflich in Länge, Breite und Höhe eingeteilt ist, zu der sich die Zeit gesellt, besteht die multidimensionale Schöpfung aus drei Ebenen mit jeweils vier Dimensionen. Jede dieser drei Ebenen hat eine bestimmte, auf die jeweilige Ebene bezogene Aufgabe, gehört aber bedingungslos zur alles umfassenden Schöpfung. Halten wir fest, dass auf jeder dieser drei Ebenen ganz bestimmte, für jede Ebene eigens zugeschnittene Gesetze herrschen. Auf eurer Ebene gesellt sich hierzu als wirksames Gesetz die Zeit. Doch ein solches Zeitgeschehen gibt es auf unser Ebene nicht. Für euch ist die Zeit das Fundament für eure materielle Welt mit ihren Erscheinungsformen. Sie ist für euch das Gerüst für euer sich formendes Bewusstsein, es ist eine Orientierungsplattform für eure Entwicklung. Wir benötigen diesen zusätzlichen dimensionalen Aspekt zum Verständnis und Wirken in den drei Ebenen der Schöpfung nicht, weil wir in der Multidimensionalität mit allem verbunden sind.

Mal langsam. Die Schöpfung besteht also aus drei Ebenen von jeweils vier Dimensionen, und jede Dimension hat ihre auf das Ganze ausgerichtete Aufgabe. Die Zeit, unsere vierte Dimension, gibt unserem Leben dann Orientierung und ein Fundament. Allerdings können wir uns nicht von der Zeit befreien, sondern bleiben mit unserem Bewusstsein Gefangene der Zeit. Wenn das alles gesetzlich vorgeschrieben ist, muss es doch einen Grund geben, warum wir alles so empfinden, wie wir es empfinden. Das kann doch kein Zufall sein.

Und dann kommt noch etwas anderes hinzu: Du hast von drei Ebenen gesprochen. Es muss doch einen Grund geben, warum wir, wie du sagst, geistige Wesen sind, die einen Körper beseelen. Warum müssen wir uns als Geistwesen mit den Faktoren zeitlicher Abläufe auseinandersetzen?

Lehmann: Ihr als Geistwesen habt die Aufgabe übernommen, am universellen Schöpfungsprozess teilzunehmen. Es wurde auf höchster Ebene beschlossen, dass in allen Dimensionen, an allen Orten der Schöpfung, sogar in den untersten, in denen ihr Menschen lebt, sich in vielerlei Form Bewusstsein entwickeln soll. Das betrifft auch euer Wirken auf dem Planeten Erde, auf dem sich spezielle Bewusstseinsstrukturen entfalten.

Deine Aussage, dass wir Geistwesen bewusst am Schöpfungsprozess teilnehmen, hebt für mich unseren geistigen Anteil auf eine ungleich höhere Stufe. Es entspricht der christlichen Aussage, dass wir Kinder Gottes sind. Aber bis wir es als unsere Aufgabe begreifen, dieses Ziel zu verwirklichen, muss die Menschheit noch eine große Ent-

wicklung durchmachen, nicht wahr? Mir scheint fast, dass uns die Zeit gegeben wurde, damit wir ein Werkzeug haben, um an unserer Bewusstseinsentfaltung zu arbeiten. Ich bin deshalb wirklich sehr gespannt, was du auf meine nächsten Fragen antworten wirst.

Korrigiere mich bitte, wenn ich falsch liege: Unsere Aufgabe ist es also, an einem Schöpfungsprozess mitzuwirken – aber wenn das so ist, frage ich mich: Warum müssen wir uns als geistige Wesen, die aus dem Ewigen Jetzt kommen, denn überhaupt mit zeitlichen Abläufen auseinandersetzen?

Lehmann: Ich spreche, oder wir sprechen, aus anderen Dimensionen, die dir nicht zugänglich sind, und so kann ich mich nur mit dir verständigen, wenn ich mich auf deine Ebene begebe. Das bedeutet, ich spreche mit deinem menschlichen Bewusstsein, das von deinem geistigen Potenzial erschaffen wurde. Du bist als Geistwesen auf der Erde, um in den tiefsten drei Dimensionen der Schöpfung kreatives Bewusstsein zu entwickeln. Ihr Menschen nennt es das Leben. Wenn wir beide miteinander sprechen, spreche ich nur mit dir als körperlichem Bewusstsein, das sich in deinem menschlichen Körper entwickelt hat. Aus deiner Sicht als körperlichem Bewusstsein kannst du nicht mit deinem höheren Bewusstsein, deinem Geist, Kontakt aufnehmen, dein höheres Bewusstsein, dein Höheres Selbst, bleibt dir unbewusst. Deshalb hat die Schöpfung deinem Geist einen Vermittler an die Seite gegeben. Diesen Vermittler nennst du deine Seele.

Nur mittels der Fähigkeiten deiner Seele kann dein Geist die trägen Strukturen, ich möchte sie »den manifestierten kristallisierten Geist« nennen, in den untersten Dimensionen kreativ und bewusst erreichen.

Betrachte deine Seele als einen Vermittler, einen Dolmetscher, der dir hilft, dich selbst als geistiges Wesen zu verstehen. Deine Aufgabe als Mensch besteht darin, dir bewusst zu werden, dass dein Körper, dein Denken und Handeln nur bestehen, also lebendig sein können, weil dein Geist und deine Seele dir, meist unbewusst, die Energie und alle Informationen liefern, die du für den Erhalt deines physischen Lebens brauchst.

Durch deine Aussagen wird mir klarer denn je, dass Körper, Seele und Geist eine Einheit bilden – schon deshalb, weil mein bewusstes menschliches Bewusstsein niemals alle biologischen Abläufe steuern kann. Wir meinen also Geist und Seele, wenn wir vom Unbewussten sprechen. Aber warum benötigen wir die Zeit und ihre Kategorien?

Lehmann: Nun, wie ich schon mehrmals erwähnte, hat das schöpferische Bewusstsein, Gott, Gesetze erschaffen, die es dem Weltengeist ermöglichen, in allen Dimensionen ein sich selbst erkennendes und verwirklichendes Bewusstsein zu erschaffen. Verglichen mit der Spontanität in den höheren Dimensionen herrschen in den untersten drei Dimensionen, in denen der Mensch, ausgestattet mit seinem freien Willen, Bewusstsein entwickelt hat, zähe und träge

Zustände. Die Gesetze, die für die Trägheit verantwortlich sind, habt ihr Menschen mehrmals entdeckt. Es handelt sich um die Gravitation und das Trägheitsgesetz, das seit Isaac Newton eure physikalischen Vorstellungen prägt. Je dichter, fester und schwerer eure Materie ist, desto mehr Kraft und Zeit wird benötigt, um etwas zu bewegen.

Dieser erstarrte oder kristallisierte Geist, wie du es nennst, ist die Ursache dafür, dass sich in eurer Welt eine spezifische Trägheit entwickelt, die wir, weil wir aus physischer Substanz bestehen, aus Materie, als Zeit erleben.

Wenn ich sage, der Mensch als materielles Wesen ist im zähen Brei der verdichteten Energie gefangen, also in der Materie, und kann aufgrund von Gravitation und Trägheit das Jetzt, die Gleichzeitigkeit, nicht leben, liege ich dann mit dieser Ansicht einigermaßen richtig?

Lehmann: Von deiner Seite als materielles Bewusstsein aus betrachtet liegst du richtig. Bedenke aber immer, dass dein menschliches, körpergebundenes Bewusstsein lediglich ein Teilbewusstsein ist und dir dazu dient, durch Lernen und Erfahrung dein Bewusstsein in der Materie immer weiter zu vervollkommnen. Das ist dir aber nur dank der Vermittlung und Führung möglich, die du von deinem Geist und deiner Seele erhältst.

Nach meinem Dafürhalten bedeutet das, dass unser menschliches Bewusstsein niemals gleichzeitig bewusst im Ewigen

Jetzt, also im Spontanen, leben kann, weil es auf materieller Basis arbeitet und nur diese Dimensionen beurteilen kann. Den einzigen Weg, diese physische Enge zu verlassen, sehe ich darin, die physischen Sinne und das daran gebundene Denken lediglich als ein Teilbewusstsein zu verstehen, das aber die Möglichkeit besitzt, die erstarrte, an Zeit gebundene Wahrnehmung zu überwinden.

Lehmann: So ist es. Euer physisches Bewusstsein ist lernfähig, wird sich selbst erkennen und über die Selbsterkenntnis auch Geist und Seele erkennen und ihre Wirksamkeit erfassen. Darüber hinaus wird es sich auch gewahr werden, dass es ein übergeordnetes schöpferisches Bewusstsein, einen Gott, gibt.

Das sind für mich sehr tröstliche Worte. Sie erwecken in mir die Hoffnung, dass die Menschheit aus den Problemen, die sie selbst geschaffen hat, irgendwann herausfinden wird. Noch sind es wenige Menschen, die bewusst den Weg gehen, das rein irdische Bewusstsein zu verlassen, und weil dieser Weg mit großen Schwierigkeiten verbunden ist, benötigen wir, wie du sagst, noch die Zeit. Auf dem Weg der Erkenntnis ist die Zeit für das menschliche neue Bewusstsein vollkommen unerlässlich. Sehe ich das richtig?

Lehmann: Nicht nur für den Weg der Erkenntnis. Die Zeit stabilisiert auch das physische Universum, sie garantiert, dass alle Abläufe in den vorgesehenen Bahnen verlaufen. Selbst die kleinsten Elementarteilchen, alles was zu eurem Kosmos gehört, unterliegt Begrenzungen, zum Beispiel in Form der Lichtgeschwindigkeit. Ohne die vierte Dimension, die Zeit, gäbe es in eurer Welt die anderen drei Dimensionen nicht. Würde man euch die Zeit wegnehmen, dann würde sich eure Welt der Erscheinungsformen ganz einfach auflösen.

Oft wurde mir von Oskar, meinem anderen Geistführer, der mich bei Heilungen unterstützt, gesagt, dass die Zeit und unsere Welt der Erscheinungsformen miteinander verknüpft sind und sich gegenseitig bedingen. Einmal sprach er sogar davon, dass die Zeit der Stabilisator für unseren Kosmos ist. Demnach ist die Zeit bedingungslos mit unseren anderen Dimensionen verknüpft.

Wenn beim Geistigen Heilen, wie ich es immer wieder erlebt habe, spontane Gewebeveränderungen auftreten, wird dann von euch geistigen Helfern die Zeit manipuliert? Ist es überhaupt möglich, die Zeit einzeln, als eigene Dimension, zu verändern?

Lehmann: Ja, das ist möglich. Höhere Ebenen sind mit ihrem Bewusstsein in der Lage, bestimmte Gesetzmäßigkeiten zu verändern, auch die Zeit.

Wenn es beim Heilen zu Entmaterialisierungen kommt, wurde demnach die Zeit verändert und damit eine Möglichkeit geschaffen, auch die zeitlichen Abläufe in der Materie in Richtung Spontanität zu verändern. So habe ich es mir zumindest immer vorgestellt. Sehe ich das richtig?

Lehmann: Die Möglichkeiten, die Geist und Seele haben, sind unermesslich. Ihr werdet das nach und nach verstehen. Geist und Seele, mit ihren höheren Dimensionen und ihrem damit verknüpften Bewusstsein, sind in der Lage, in euren niederen Dimensionen Veränderungen vorzunehmen. Über diese Möglichkeiten werde ich zu einem späteren Zeitpunkt noch ausführlich sprechen.

Hab vielen Dank dafür, dann übe ich mich in Geduld und wechsle einstweilen zu einem anderen Thema. Wenn die Schöpfung, wie du sagst, in drei Ebenen mit jeweils vier Dimensionen unterteilt ist, dann dürfte jede Ebene einen Sinn in sich tragen und eine Symbiose mit den anderen Ebenen eingehen. Kannst du mir darüber etwas sagen?

Lehmann: Du hast es ganz richtig erfasst, die Schöpfung besteht insgesamt aus zwölf Dimensionen. Die Dimensionen eins bis vier sind die Dimensionen, in denen du dich in deiner Welt erlebst, in der materielles Leben ermöglicht wird. Die fünfte bis achte Dimension gehören zur Ebene der Vermittlung. Diese Vermittlung erfolgt einerseits zu den untersten Ebenen und andererseits zu den obersten Ebenen, die aus den Dimensionen neun bis zwölf bestehen, den Ebenen der Schöpfung: reiner Geist, reines Bewusstsein, Gott.

Oskar übermittelte mir vor langer Zeit eine Grafik, damit wir den geistigen Transfer von Botschaften verstehen. Wir nennen sie das Schwingungsmodell und verwenden sie seitdem in der Schule der Geistheilung nach Horst Krohne® zur Veranschaulichung. Können wir dieses Modell an deine Erklärungen zu den zwölf Dimensionen anpassen?

Lehmann: Aber natürlich. Wenn wir alle Dimensionen besprochen haben, wirst du diese Grafik deinem Verständnis entsprechend ergänzen können.

Danke, ich freue mich schon auf deine Erklärungen. Über die unterste Ebene mit vier Dimensionen haben wir schon gesprochen, wenn die Dimensionen fünf bis acht eine Vermittlerrolle haben, müsstest du, als geistiger Lehrer, dann nicht von dort her wirken, und meine Seele auch?

Lehmann: Ganz so klar und einfach ist das nicht. Zwar ist das die Ebene, aus der oder in der ich wirke, aber mit der Einschränkung, dass jede der Dimensionen fünf bis acht ihre eigene Wirkungsweise hat und mit den anderen auf eine bestimmte Art und Weise interagiert.

Demnach sind eure vier Dimensionen auf der mittleren Ebene völlig anders zu verstehen als unsere vier Dimensionen. Und wenn ich dich richtig verstehe, hat jede eurer Dimensionen eine ganz bestimmte Aufgabe zu erfüllen.

Kannst du mir das etwas genauer erklären?

Das Schöpfungsmodell

Dimensionen		Dimension	Ebene	Beschreibung
Dimensionen des Bewusstseins		D12		Gott – Kreatives Bewusstsein – Schöpfung – Geist
		D11	Geist überbewusst	Göttlicher Wille, Verwirklichkung des schöpferischen Bewusstseins
		D10		Aufteilung des göttlichen Willens in geistige Einheiten
		D9		Verwirklichung der geistigen Vorgaben in individuelle und kollektive Programme
		Geistige Transformation		
		D8		Vom Geist erschaffene kollektive und individuelle Vermittlerseelen, Umsetzung und Übersetzung geistiger Programme
		D7	Seele unbewusst	Kollektive und individuelle Aufteilung der Information und Transformation zur Weitervermittlung in die physische Ebene
Dimensionen der Energie		D6		Vermittlung von Informationen zu den physischen Strukturen
		D5		Vermittlung von Informationen energetischer Natur
		Seelische Transformation		
		D4		Zeit und Bewegung, Welle und Spin Empfangsebene
		D3	Körper bewusst	Höhe
		D2		Breite
		D1		Länge

Lehmann: Fangen wir mit der fünften Dimension an. Diese Dimension mit ihren für dich ganz speziellen und neuen Frequenzen eignet sich besonders gut, Klang- und Lichtinformationen über die Zeitbarriere in lebendiges Bewusstsein zu übertragen. Für ungeübte Menschen geschieht das im Traum oder als Ahnung, oder durch Inspiration und Intuition. Menschen mit Meditationserfahrung oder mit außersinnlicher Wahrnehmung empfangen auf bewusste Weise, so wie du es kennst. Wie das genau geschieht? Du siehst Bilder oder hörst Informationen, denkst etwas bisher nicht Gedachtes.

Die fünfte Dimension ist also der Kommunikationsschlüssel zwischen deinen Dimensionen eins bis vier und unseren, also der fünften bis achten. Die fünfte ist eng verknüpft mit der sechsten Dimension, die mit der Materie selbst agieren kann. Wenn du zum Beispiel von Oskar, deinem geistigen Helfer, Heilinformationen und Energieübertragung empfängst, dann wirken die sechste und die fünfte Dimension zusammen. So entsteht ein Kanal für das, was ihr Geistheilung nennt. Bei jedem Informationsaustausch zwischen menschlichem und geistigem Bewusstsein benutzen eure Engel oder Geistführer diese Kommunikationsbrücke der fünften und sechsten Dimension, wenn sie eure Ebene erreichen wollen.

Ich vermisse bei deinen Erklärungen eine Beschreibung unserer Seele. Wird die Seele des Menschen umgangen oder welche Rolle spielt sie dabei?

Lehmann: Eure Seelen sind Vermittler, Dolmetscher. Sie sind ein Bindeglied und dienen der Transformation, wenn Informationen zwischen verschiedenen Ebenen übertragen werden. Sie sind es, die in den meisten Fällen die blitzartigen, aus dem Jetzt (den höheren Dimensionen) kommenden Übertragungen in eure träge zeitbezogene Wahrnehmung übersetzen.

Manchmal, wenn ich mit euch Verbindung aufnehme, erlebe ich eine solche, wie du es nennst, blitzartige Wahrnehmung. Wenn ich dann tief entspannt bleibe, entsteht oft ein langer Text daraus. Ist das die mir meist unbewusst bleibende Arbeit meiner Seele, die aus einem blitzartigen Einfall einen für mich verständlichen Text formt?

Lehmann: Beherrscht eine Seele den von dir beschriebenen Vorgang, dann ist der Mensch ein Medium. Nicht alle Seelen bemühen sich um diese spezielle Eigenschaft, mit dem Ergebnis, dass die Menschen, deren Seelen sich nicht darum bemühen, die Fähigkeit zur außersinnlichen Wahrnehmung nicht entwickeln.

Demnach ist Medialität ein Entwicklungsprozess zwischen unserem hirngebundenen Denken und der Seele. Kann denn Medialität, wenn wir sie anstreben, durch bestimmte menschliche Verhaltensweisen, zum Beispiel zielgerichtete Meditation, erlernt werden? Gehört das auch zu unserer Entwicklung und Bewusstseinserweiterung?

Lehmann: Das Erlernen der außersinnlichen Wahrnehmung bis hin zur Medialität gehört zu eurer Entwicklung, doch es gibt eine Einschränkung. Wenn die Seele erkennt, dass das menschliche Gesamtbewusstsein noch nicht reif genug ist für den Weg in die Medialität, dann wird sich keine Medialität entwickeln. Euer Bewusstsein und die Seele müssen gemeinsam heranreifen, bis der Weg in die außersinnliche Wahrnehmung sich öffnet.

Manchmal habe ich den Eindruck, dass ich deine Stimme oder die von Oskar unmittelbar wahrnehme, ohne dass ich in einem meditativen Zustand bin. Was ist dabei anders?

Lehmann: Ich sagte dir einmal, dass wir Geistwesen, wenn wir Kontakt zu eurer Ebene aufnehmen wollen, genau wie du erst unsere Medialität entwickeln müssen, aber in einer anderen Form. Wir müssen lernen, uns an eure langsame Wahrnehmung anzupassen, also Informationen aus dem Jetzt in zeitliche Abläufe zu übertragen.

Und du mit deiner Seele musst lernen, gedanklich Informationen vom Zeitgebundenen in das unendlich Schnelle, in unsere Wirklichkeit, zu übermitteln. Wenn diese Abläufe sich von beiden Seiten gut entwickelt haben, können wir, wenn deine Seele einverstanden ist, unmittelbaren Kontakt zu dir aufnehmen, so wie es gerade in diesem Moment geschieht. Du sitzt an deinem Buchmanuskript und bist nicht in Meditation, aber deine Gehirnwellen haben sich auf mich eingeschwungen, so dass wir Fragen und Antworten austauschen können. In einem solchen Fall übernehme ich die Arbeit deiner Seele. Selbstverständlich ist deine Seele damit einverstanden und begreift den Sinn der unmittelbaren Vermittlung.

Was macht es für einen Sinn, wenn ich unmittelbar ohne meine Seele Informationen von dir empfange? Du sagst doch, dass mein Bewusstsein und das meiner Seele sich gemeinsam entwickeln. Dann ist doch eine Seite abgekoppelt.

Lehmann: Durchaus nicht, denn die Arbeit deiner Seele ist erheblich umfangreicher, als du wahrnimmst. Nur ein kleiner Teil der Aktivitäten deiner Seele, rund zwei Prozent, sind für die außersinnliche Wahrnehmung zuständig. Der weitaus größte Teil aller Aktivitäten der Seele dienen dem Erhalt und der Weiterentwicklung des Gesamtbewusstseins. Tag und Nacht arbeiten dein Geist und deine Seele unermüdlich am Erhalt deines Organismus und damit auch deines Gehirns, damit du mit deinem menschlichen Bewusstsein denken kannst.

Du machst mir gerade bewusst, was für ein Aufwand für unser denkendes Bewusstsein nötig ist. Die uns unbewussten Aktivitäten der Seele, die unseren Organismus erhalten, haben eine Dimension, über die wir uns normalerweise gar keine Vorstellung machen. Unser Körper mit all seinen Organen und Funktionen dient dem Denken. Somit entwickeln wir uns durch den Körper, mit dem Körper und über den Körper, damit wir das werden, was unser Geist, das Göttliche, von uns erwartet.

Lehmann: Macht euch immer wieder klar: Ihr seid beide beteiligt an einem Schöpfungsprozess, der die Zielsetzung hat, Bewusstsein zu entwickeln. Darin besteht die gemeinsame Arbeit von Körper und Seele. Meine Aufgabe als Geistführer ist es, gemeinsam mit euch, Körper und Seele, dieses Ziel zu erreichen. Mit anderen Worten: Wir entwickeln gemeinsam Bewusstsein, Leben, durch einen Körper, der Denken lernt, über außersinnliche Wahrnehmung, durch einen Kontakt, den ihr Menschen so gerne als übersinnlich bezeichnet.

Es ist wirklich faszinierend, was ich alles von dir erfahre! Nun verstehe ich, dass ihr geistige Wesen auch noch lernt und dass ihr euch durch uns und die Entwicklung, die wir gemeinsam erleben, weiterbildet. Wenn ich etwas erlerne, dann kann ich mir vorstellen, dass in meinem Gehirn etwas abgelegt wird, Erfahrenes im Gehirn abrufbereit gespeichert, also irgendwie aufgezeichnet wird. Jetzt erfahre ich, dass auch ihr Geistwesen Neues erfahren und speichern könnt. Doch ihr habt kein Gehirn, wie funktioniert das also bei euch?

Lehmann: Du greifst mit der Frage etwas auf, was wir noch besprechen werden, wenn ich dir die höheren Dimensionen erkläre. Aber so viel kann ich dir heute schon sagen: Unsere Erinnerungen an Geleistetes oder noch zu

Leistendes entstehen, wenn wir uns mit dem allumfassenden Wissen verbinden – nennen wir es an dieser Stelle einmal den Weltengeist. Wir als Geistwesen stehen also immer in Verbindung mit allem, was ist. Das ist übrigens auch bei dir der Fall, nur ist es dir nicht bewusst, deinem Höheren Selbst aber sehr wohl.

Weil wir Menschen nur ein Teilbewusstsein haben, wie du es nennst, sind wir abgekapselt vom Allbewusstsein, dem Weltengeist. Einzig durch unsere Seele oder mit Hilfe von euch Geistwesen können wir Verbindung zum höheren Bewusstsein aufnehmen. Meine Hoffnung geht dahin, dass unser menschliches Bewusstsein in der Lage ist, die höheren Schichten zu verstehen. Aber kommen wir wieder auf die Multidimensionalität der Schöpfung zurück. Die fünfte und sechste Dimension habe ich verstanden. Was geschieht in der siebten und achten Dimension, die ja auch zu deiner Ebene gehören? Können wir Menschen uns solche Dimensionen überhaupt vorstellen und sie begreifen?

Lehmann: Versuchen wir, es euch nahezubringen. Bei den Dimensionen fünf bis acht handelt es sich um Vermittlungsebenen. Sie sind das Verbindungsglied zwischen dem Geist und eurem physischen Universum. Alle Ebenen sind gemäß eurem Denken unendlich groß, selbst wenn ihr euch das noch nicht vorstellen könnt. Damit meine ich, dass dort Länge, Höhe und Breite und auch die Zeit grenzenlos sind. Alles, was in eurem Kosmos geschieht, durchläuft eine gewisse Planung, angepasst an die Gesetze und Ideen aus den Dimensionen neun bis zwölf. In die Dimensionen sieben und acht fließen alle Informationen ein, die aus der Welt der Ideen, also neun bis zwölf, kommen – dem absoluten Geist. In der siebten und achten Dimension werden sie in Form gebracht, die schöpferischen Ideen werden decodiert und aufgezeichnet. Ich wähle bewusst das Wort *aufgezeichnet*, damit du es verstehst.

Stelle es dir bitte so vor: Wir bekommen vom Geist der Schöpfung eine Idee, und wenn wir sie entschlüsselt haben, entwerfen wir, deiner Vorstellung nach, einen Plan, einen Konstruktionsplan, in dem alle Vorgänge aufgelistet sind, die in eurer Welt entstehen können oder werden. Und das für unendlich viele Sonnensysteme in unendlich vielen Galaxien zu unendlich vielen Zeitabschnitten. Auch wenn eure Denkweise nur konkrete Maßeinheiten zulässt, versuche bitte trotzdem zu verstehen, dass die Schöpfung in jeder Form grenzenlos ist.

Angesichts dieser unendlichen Größe, Menge und Masse müsste es unendlich viele Geistwesen geben, die am Schöpfungsplan mitwirken – eigentlich unvorstellbar! Ist das wirklich so? Darf ich eure Ebene, um einen Sammelbegriff zu verwenden, als Weltenseele bezeichnen?

Lehmann: Als Überbegriff ist das vielleicht durchaus hilfreich. Es passt zu deinem Denken, wenn du dir bewusst machst, dass die Weltenseele das Kollektiv von unendlich vielen Seelen – beziehungsweise Geistwesen – ist und dass deine Seele am Ganzen teilnimmt.

Verlassen wir doch einmal das unendlich große Ganze und kehren zum Irdischen zurück, zu unserer Realität. Für mein jetziges Leben als Mensch wurde wahrscheinlich für mich in eurer »Abteilung« ein Plan ausgearbeitet, den ich erfüllen muss oder kann. Sehe ich das richtig? Ist dann nicht alles, was ich erlebe, vorherbestimmt?

Lehmann: Nein, du vergisst deinen freien Willen, der dir von Gott gegeben wurde. Du musst dich nur, ebenso wie wir, an die Gesetze halten, die für alle Gegebenheiten und für alle Mitwirkenden bestehen. Auch du bist ein Geistwesen, aber du hast einen Körper, der von dir und deiner Seele belebt wird. Diesen Vorgang werden wir noch ausführlicher besprechen, wenn ich dir die höheren Ebenen neun bis zwölf beschreibe.

Du und wir, wir planen dein Leben gemeinsam, doch diese Planung geht nicht immer in Erfüllung, denn dein Plan ist nur einer von unendlich vielen, und über allen individuellen Planungsvorgaben stehen kollektive Pläne, an die sich jedes Individuum anpassen und denen es sich manchmal auch unterwerfen muss.

Bedenke immer, dass du als Trinität von Körper, Seele, Geist ein Mitgestalter bist. Du bist auf jeder Ebene ein Mitwirkender, und das in einer gigantischen Gemeinschaft aller Lebewesen – nicht nur auf der Erde.

Werden auf eurer Ebene, in der siebten und achten Dimension, alle Prozesse in unserem Sonnensystem und auf der Erde nach geistigen Vorgaben von euch übersetzt und in die hier für uns wahrzunehmende Wirklichkeit gebracht? Du hast gesagt, ihr bekommt Vorgaben und erstellt daraus einen Plan. Ein Plan ist für mich ein Weg, etwas Bestimmtes zu erreichen. Ich meine damit die Steuerung vom kleinsten Atom bis hin zu planetarischen Größen.

Lehmann: Wenn wir alles in eurem Leben vorgeben und bestimmen würden, dann wären wir Diktatoren und würden die Freiheit aller Seelen missachten. Wir sind Vermittler und Helfer, die dich bei allem beraten, was du erlebst und unternimmst oder was du erfahren möchtest. Du wählst deinen Lebensplan selbst und stimmst ihn mit uns ab. Leider ist dir dies nicht bewusst.

Noch einmal, du bestehst aus Körper, Seele, Geist und hast auf allen drei Ebenen ein Mitspracherecht. Nur dort, wo dein Bewusstsein noch nicht ausgereift ist, leidest du unter Einschränkungen. Dies kann bis hin zu schicksalhaften Abläufen gehen und von euch als auferlegtes Karma empfunden werden. Aber auch hierbei bist du mit deinem höchsten Geist an allen Entscheidungen aktiv beteiligt und gestaltest dein eigenes Schicksal, nicht als Strafe, sondern als Lernprozess.

An dieser Stelle muss ich erneut darauf hinweisen, dass du ein geistiges Wesen bist und von Gott einen Auftrag bekommen hast, zusammen mit einer von Gott erschaffenen Seele Bewusstheit in die untersten materiellen Dimensionen des Lebens zu bringen. Du bist ein Mitschöpfer, einer von unendlich vielen, ausgestattet mit sehr unterschiedlichem Wissen, mit Argumenten und Verwirklichungsbestrebungen. Unsere Aufgabe als Geistwesen besteht darin, kollektiv ebenso wie individuell stabilisierend zu helfen und euch bei eurer Aufgabe zu unterstützen, das physische Bewusstsein immer höher zu entwickeln. Es geht bei euch immer um Bewusstseinserweiterung, auch dann, wenn ihr glaubt, schwer unter schicksalhaften Ereignissen zu leiden.

Wenn alle Menschen und Lebewesen, so wie ich, ein Mitspracherecht bei ihrem Schicksal haben, warum geht es dann so vielen Menschen so schlecht? Sind die Bedingungen auf dieser Welt dermaßen schwierig oder ist es nur unsere Sichtweise, die alles zum Drama macht?

Lehmann: Krankheit, Unzufriedenheit, Unglücklichsein und die vielen anderen Notsituationen entstehen aus vergangenen Entscheidungen und Handlungen, wie auch aus Versäumnissen – und verdichten sich in eurer Gegenwart. Die Hauptursache ist immer Unwissenheit.

Ein weiterer Faktor sind die sehr unterschiedlich entwickelten Bewusstseinsbereiche der einzelnen Menschen, was an der unterschiedlichen Anzahl ihrer Reinkarnationen liegt. Junge Seelen haben in den ersten Reinkarnationen große Mühe, einen menschlichen Körper mit all seinen Funktionen am Leben zu erhalten. Erst wenn die Seele gelernt hat, einen stabilen Körperzustand aufrechtzuerhalten, wofür bis zu zwanzig Leben mit unterschiedlichen Bedingungen durchlaufen werden müssen, entwickelt sich Verantwortung. Vorher können das physische Bewusstsein und die Seelen keine höheren menschlichen Werte entwickeln. Nach vielen weiteren Reinkarnation, die immer unter sehr unterschiedlichen Bedingungen ablaufen, folgt ein weiterer wichtiger Entwicklungsschritt. Der Mensch erkennt seine kreativen Fähigkeiten, strebt nach Freiheit und entwickelt Vernunft, Friedfertigkeit und Ethik.

Unbewusst erschwert wird der Lernprozess dadurch, dass der Mensch im Kollektiv in sehr unterschiedliche Entwicklungsprozesse hineingeboren wird. Hinzu kommen noch die verschiedenen Bedingungen durch Klimazonen, Religion und Politik. Sie sind dem Individuellen übergeordnet, und ihr müsst lernen, die eigene Entwicklung an die gegebenen Bedingungen anzupassen. Diese kollektiven Entwicklungen mit ihren unterschiedlichen Religionen, Ideologien und wissenschaftlichen Entfaltungsmöglichkeiten sind äußerst förderlich für die Entwicklung der einzelnen Seelen. Immer neue Probleme und die damit verbundene notwendige Anpassung fördern die Kreativität und Erkenntnis.

Wie ich schon sagte, nimmt jeder Mensch mit Geist und Seele an einem gigantischen kollektiven Schöpfungsprozess teil. Dabei wird euch viel abverlangt, sowohl als

Individuum wie auch im Kollektiven. Für euch Menschen ist die Erde eine große Schule, die euch die unermesslich wertvolle Chance bietet, durch euer Mitwirken an der Schöpfung diese im wahrsten Sinne des Wortes hautnah zu erleben. Natürlich verliert ihr bei der ganzen Vermengung aller individuellen und kollektiven Prozesse schon mal die Orientierung und werdet in den Strudel der Ereignisse hineingezogen. Den meisten Menschen ist es unmöglich, das ganze Weltgeschehen mit seinen außerordentlich vielen Entwicklungsprozessen zu überschauen. Deshalb benötigt ihr Lehrer und Heiler, und gegebenenfalls auch euren Schutzengel.

Diese kollektive Vermischung aller Entwicklungsprozesse hier auf der Erde ist für uns weiß Gott unüberschaubar. Wir können uns glücklich schätzen, eure Hilfe zu empfangen, die Hilfe der Geisigen Welt. Für mich steht außer Frage, dass es ohne Heiler und Lehrer, die mit euch und durch euch wirken, keine Entwicklung gäbe. Wir brauchen nun mal die Herausforderung und das Wissen anderer, um unser Wissen zu mehren und unser Bewusstsein anzuheben.

Lehmann: Mach dich nicht kleiner, als du bist. Du bist ein Teil des Schöpfungsplans, du bist ein Kind Gottes. Nur dein sich individuell entwickelndes Bewusstsein auf der Erde und das der vielen anderen Lebewesen bei euch ist das Problem. Die Evolution, das Leben auf der Erde, befindet sich in einem Entwicklungsprozess und ist noch lange nicht vollkommen, und somit ist es das menschliche Bewusstsein auch noch nicht.

Den menschlichen Entwicklungsprozess können wir erkennen, wenn wir uns die Menschheitsgeschichte mit all ihren Höhen und Tiefen anschauen. Die Menschheit hat zwar große Fortschritte gemacht, aber in vielen Bereichen, besonders bei Ethik und Moral, sehe ich noch große Defizite. Kannst du mir erklären, warum das so ist?

Lehmann: Du kennst doch die Redewendung »Mens sana in corpore sano« – ein gesunder Geist in einem gesunden Körper. Der menschliche Körper ist im Physischen noch lange nicht ausgereift. Ihr leidet nach wie vor unter vielen Krankheiten und habt bisher bei weitem nicht alle biologischen Prozesse verstanden, besonders im Zusammenhang mit Geist und Seele. Ich sagte dir in einem anderen Zusammenhang, dass die Seele ihre Aufmerksamkeit vor allem der Vervollkommnung des Körpers widmet. Nur in einem gesunden Körper, und dazu gehört auch das Gehirn, kann sich euer Bewusstsein vervollkommnen.

In den letzten Jahrzehnten habt ihr wirklich sehr große Fortschritte gemacht, ihr habt in der Medizin viele neue Erkenntnisse erworben und die psychosomatische Wechselwirkung erkannt. All diese Erkenntnisse tragen dazu bei, dass ihr von eurer menschlichen Seite her immer bewusster in die physische Entwicklung eingreifen und somit die Evolution beschleunigen könnt.

Während meines langen Lebens habe ich die medizinische Entwicklung miterlebt. Was mir dabei am meisten Sorge macht, sind die psychischen Entwicklungen im Menschen. Bei Depressionen, Aggressionen und diversen anderen Störungen sehe ich noch immer keine Verbesserung oder gar Heilung. Ich möchte das mit meinen Erfahrungen begründen.

In einigen Fällen stoße ich bei meiner Lebensberatung auf therapieresistente Menschen, die weder Heilung noch irgendwelche Informationen annehmen wollen, also unbelehrbar sind. Hat das menschliche Bewusstsein hier nicht einen Nachholbedarf? Liegt es am freien Willen, der auf eigensinnige Weise gelebt wird? Oder dient auch das der persönlichen Entwicklung des Betreffenden, damit wir verstehen lernen, was Sturheit anrichten kann?

Lehmann: Mit dieser Frage bist du nun wieder in deinen untersten Dimensionen gelandet, in eurem Bewusstseinsentwicklungsraum. Alle Eigenwilligkeiten sind Folge eures freien Willens, der für euch die einzige Möglichkeit des Lernens darstellt. Das trifft nicht nur auf Sturheit zu. Alle Probleme, die ihr durch Unwissenheit verursacht, ermöglichen euch Lernerfahrungen und zeigen euch, wie man etwas nicht machen sollte.

In der Welt der Gegensätze ist eine erfolgreiche Entwicklung für euch nur dann möglich, wenn ihr erkennt, was ihr nicht denken oder tun solltet. So wird durch Erfahrung aus etwas Schlechtem Gutes, aus etwas Falschem Richtiges. Das werden auch deine therapieresistenten Klienten erleben.

Du sagtest, dass der freie Wille uns auf allen drei Ebenen gegeben ist und dass wir auch hier auf der Erde unseren freien Willen gebrauchen. Dadurch erkennen und erfahren wir, was wir durch unser Handeln und Tun erreichen.

Wie ich schon sagte, sehe ich dabei eine Menge psychische Ungereimtheiten, die, kollektiv betrachtet, eine Menge Schaden anrichten. Kann uns nicht unsere Seele helfen, die Psyche zu stabilisieren und menschliches Verhalten zu optimieren? Aber schon, wenn ich diese Frage stelle, habe ich Schwierigkeiten, mir das vorzustellen. Wie sollte mein freier Wille auf der seelischen Vermittlungsebene greifen?

Von dir habe ich erfahren, dass meine Seele auf der Vermittlungsebene in der achten und neunten Dimension ein Mitspracherecht hat. Doch wie sieht das genau aus? Heißt das, wenn ich auf irgendeine Weise materiell oder psychisch in Not gerate, hat meine Seele bestimmten Ereignissen bis hin zu schicksalhaftem Geschehen zugestimmt?

Lehmann: Mach dir klar, in welchen Größenordnungen du über deine Entwicklung und dein weiteres Wachstum entscheidest. Wenn es für deine Entwicklung hilfreich ist, willigt deine Seele in Absprache mit deinem Geist ein, und dein Höheres Selbst und deine Seele erschaffen verschiedene Möglichkeiten, wie es weitergehen kann. In Absprache mit anderen Seelen und Geistwesen entscheidest du dann mit, welche Möglichkeiten du selbst wahrnimmst und welchen kollektiven Aufgaben du dich gemeinsam mit anderen Seelen widmest.

Danke, dass du so viel Vertrauen in mein Wirken hast. Doch generell gesehen haben wir immer noch sehr viel Leid und Unzufriedenheit auf der Erde. Kannst du mir einen triftigen Grund dafür nennen, oder sind wir bewusstseinsmäßig einfach noch so unterentwickelt, dass wir nicht erkennen, dass wir selbst das Problem sind?

Lehmann: Du darfst milder mit euch umgeben. Es liegt an der Schwere der Aufgabe, die ihr als geistige Wesen übernommen habt. Euer Zuhause befindet sich in den höheren Dimensionen, und ihr habt zusammen mit eurer Seele einen äußerst schwierigen Part in der Schöpfung übernommen, nämlich Bewusstsein in den untersten Dimensionen der Schöpfung zu entwickeln – noch dazu ein lernendes, sich selbst erkennendes, Selbstverwirklichung anstrebendes Bewusstsein, das ihr Leben nennt.

Ihr seid schon auf einer sehr hohen Stufe angelangt, wenn auch noch nicht in allen Bereichen. Das Problem liegt in eurer Aufgabe, ein sich selbst verwirklichendes Leben zu erschaffen, denn das geht nur über den freien Willen. Der freie Wille ist, wenn es um Selbstentdeckung und Selbstverwirklichung geht, unbedingt notwendig. Eure Unwissenheit schafft immer neue Probleme und ist damit der unverzichtbare Antrieb für eure Entwicklung. Doch eines kann ich euch Menschen versichern: Eure schwierige Aufgabe ist eurem Schöpfer bekannt, und ihr könnt es wörtlich nehmen, wenn euch gesagt wird, dass Gott euch liebt.

Da wir ja in unserem Ursprung ebenfalls Geistwesen sind, haben wir mit dem menschlichen Körper und durch ihn Schwierigkeiten – mit diesem stofflichen Körper, den wir ein Leben lang in Schwung halten müssen. Die meisten Schwierigkeiten, die unser Geist und unsere Seele mit unserem Körper haben, sind uns Menschen nicht bewusst, wir sehen nur unsere materiellen Probleme. Unser kurzes, auf menschliche Bedürfnisse zugeschnittenes Leben geht seinen eigenen Erkenntnisweg, durch Freud und Leid, und hat Angst vor dem Tod, vor dem Aus.

Hat unsere Seele, die uns dabei behilflich ist, eigentlich auch solche oder ähnliche Probleme?

Lehmann: Eure Seele begleitet euch Geistwesen durch die vielen Reinkarnationen. Ihre Aufgabe ist es, die vom Höheren Selbst kommenden Informationen aus der neunten und zehnten Dimension in die siebte und achte Dimension zu übertragen. Sie muss diese so aufarbeiten, dass alle Informationen aus der fünften und sechsten Dimension in die untersten Schöpfungsebenen eins bis vier heruntergebracht und eingesetzt werden können. Dabei kann eine Seele auch Schwierigkeiten bekommen, denn die wechselnden Bedingungen auf eurer Erde und die dadurch notwendigen Anpassungen verändern sich ständig, so dass immer wieder Korrekturen erforderlich sind. Es ist das sich entwickelnde Bewusstsein mit all seinen Problemen auf der Erde, das ständiger Korrekturen bedarf, und diese Korrekturen müssen von der Seele vermittelt werden. Dabei, besonders bei der Übertragung dieser Korrekturen, passieren immer wieder Fehler, Transkriptionsfehler sozusagen, und so kann auch eine Seele mit sich und ihrem Wirken Schwierigkeiten bekommen.

Wir bezeichnen eine solche Seele dann als hilflos. Oder es heißt, der Mensch sei seelisch krank. Wenn das geschieht, kann dann nur der Geist helfen, oder müssen Körperbewusstsein und Seelenbewusstsein, weil sie doch einen freien Willen haben, sich selbst helfen?

Lehmann: Es kann sein, dass der Geist hilft, wenn er erkennt, dass eine aus der Not geborene Selbsterkenntnis und Selbstverwirklichung der ideale Weg ist. Wenn hingegen euer Körperbewusstsein und die Seele den Hintergrund der Probleme erkennen und dadurch neue Erkenntnisse erlangen und diese mit ihrer Selbstverwirklichung in Einklang bringen können, dann greift der Geist nicht ein. Solche Selbstverwirklichungen im menschlichen und seelischen Bewusstsein können Jahrzehnte bis zu mehreren Leben dauern und werden von euch meistens als Schicksal oder Karma empfunden, es sind aber notwendige Selbstregulationen, die aus der Selbsterkenntnis mit anschließender Selbstverwirklichung entstehen. Es ist ein Vorgang, ein Weg, der Bewusstsein erschafft.

Was du mir da sagst, beruhigt mich. Wie oft habe ich verzweifelt nach Hintergründen gesucht, wenn ich eine leidende

Person vor mir hatte und absolut keinen Verursacher fand. Jetzt erkenne ich durch deine Erklärung, dass das Problem überhaupt nicht aus diesem Leben kommen muss.

Lehmann: Wir haben schon über Menschen gesprochen, die lernresistent oder einfach nur stur waren. Denen kann es durchaus passieren, dass sie längere Zeit oder sogar mehrere Leben benötigen, um neue Handlungsweisen zu lernen. Wenn es zum Beispiel keine Gelegenheit gibt oder nicht danach gesucht wird, kann es in eurer zeitlichen Welt sehr lange dauern, bis sich die richtigen Gelegenheiten für neue Erkenntnisse ergeben. Die lange Aufarbeitungszeit kann daran liegen, dass andere Entwicklungen vorrangig sind – oder verschiedene andere Umstände machen es erforderlich. Einige Menschen haben vielleicht, obwohl sie bereits hoch entwickelt sind, noch Schwachstellen in ihrer Persönlichkeitsstruktur. Und du denkst dann: Wie ist es nur möglich, dass so ein kluger Mensch einen so dummen Fehler begeht?

Ja, das kann ich nachvollziehen. Wenn der freie Wille nicht dazu genutzt wird, etwas für die persönliche Vervollkommnung zu tun, kann das fatale Folgen haben, und manch einer sagt dann: Der Arme, womit hat er das nur verdient? Ich kann mir vorstellen, dass viele leiden, weil sie die Ursache nicht bei sich selbst suchen und das auch überhaupt nicht wollen. Viele Fehlentscheidungen, die zu Problemen führten, haben ihren Ursprung in der Vergangenheit, und oft wird dann versucht, das Problem durch eine Korrektur in der Gegenwart zu lösen. Wenn die Betroffenen dabei in Gefahr geraten, ohne dass augenscheinlich ein Fehlverhalten vorliegt, liegt das offenbar daran, dass jenes Fehlverhalten, das zu dem Problem führte, schon lange her ist.

Trifft also das Sprichwort »Gottes Mühlen mahlen langsam, aber gerecht« auf unser Thema zu?

Lehmann: Du sagst es, mein Freund. Dieses und andere Sprichwörter haben immer ihren Sinn, denn sie wurden von Menschen erschaffen, die über hohe Erkenntnisse verfügten und auch medial begabt waren.

2

Die dritte Ebene: Von der neunten bis zur zwölften Dimension

Danke für deine Ausführungen. Nun würde ich gerne etwas mehr über die geistige Ebene erfahren – oder sollte ich sagen, über meine, unsere wahre Heimat?

Lehmann: Dein wahres Zuhause, oder besser gesagt, dein Höheres Selbst, ist ein Teil des allumfassenden Geistes. Dein höheres Bewusstsein beruht auf unendlich vielen Erfahrungen, die alle entsprechend deinem irdischen Denken im Höheren Selbst aufgezeichnet und abrufbar vorhanden sind. Unsere Unterhaltung mag dir recht abstrakt erscheinen, aber mit deinem wahren Wissen und Können als Geistwesen beherrschst du eigentlich alle drei Ebenen, also alle zwölf Dimensionen. Dennoch muss ich Aufklärungsarbeit leisten, indem ich mit dem irdischen Bewusstsein deines Geistes kommuniziere. Einem Bewusstsein, das – obendrein noch – nur für ein Leben angelegt ist. Doch alles hat seinen Sinn.

Unser Gespräch dient der Aufklärung, damit du auf Erden die Strategie deines Schöpfers verstehen lernst. Dein Geist oder Höheres Selbst, deine wahre Heimat, befindet sich in der neunten und zehnten Dimension. Diese Dimensionen hat der Weltengeist, Gott, für bestimmte Aufgaben und Bereiche erschaffen. Deshalb hast du recht, wenn du sagst, dass der Mensch ein Kind Gottes ist.

Dein Geist ist zusammen mit vielen anderen Geistwesen vom Schöpfer aller Welten, von Gott, mit der Aufgabe betraut worden, in den niederen Dimensionen Bewusstsein zu entwickeln. Diese Aufgabe besteht seit Milliarden Jahren eurer Zeitrechnung, und für uns Geistwesen besteht sie seit jeher – schon immer.

Auf der Erde erreicht dieser Entwicklungsprozess gerade einen Höhepunkt. Das menschliche Bewusstsein hat sich selbst erkannt und versucht, die Entstehung des Lebens zu ergründen und Sinn darin zu finden.

Das waren klare Worte über unsere geistige Struktur. Nun habe ich eine deutlichere Vorstellung, in welchen Bereichen mein Höheres Selbst einzuordnen ist.

Ich nehme an, dass auch der menschliche Geist gemeint ist, wenn du von Geistwesen sprichst, die seit jeher bestehen. Sehe ich es richtig, dass somit auch wir geistige Strukturen aufweisen, die auf eine ewige Existenz angelegt sind?

Lehmann: Damit, wie du es dir gerade vorstellst und beschreibst, liegst du völlig richtig. Bedenke aber, dass euer Bewusstsein noch nicht die Qualität erreicht hat, die notwendig ist, um euer Höheres Selbst, euren Geist, als vernunftbegabt zu beschreiben. Erst in späteren Jahrhunderten, wenn eure Entwicklung weiter vorangeschritten ist, werdet ihr die wahren Strukturen eures höheren Bewusstseins genauer verstehen lernen.

Du sagst, wir hätten einen Höhepunkt in der Entwicklung erreicht. Meinst du damit, dass wir, angesichts unseres inzwischen erlangten biologischen und psychologischen Wissens, unsere Selbsterkenntnis als besondere Errungenschaft unserer Entwicklung betrachten können?

Lehmann: Selbsterkenntnis ist ein wichtiger Schritt in eurer Entwicklung. Über Selbsterkenntnis offenbaren sich Fragen nach eurem Woher und Wohin. Ihr beginnt, den Sinn eures Lebens zu ergründen. Nur über Selbsterkenntnis werdet ihr euer Höheres Selbst finden und erkennen. Darüber hinaus wird es euch gelingen, mit der Schöpfung eins zu werden.

Selbsterkenntnis führt zu Gotterkenntnis.

Einige wenige von euch stehen schon an der Schwelle zur höheren Erkenntnis, doch sie können sich bei der Mehrheit noch nicht durchsetzen, weil eure kollektive Entwicklung hauptsächlich darauf ausgerichtet ist, die Materie zu ergründen und zu beherrschen.

Das damit verbundene technische Zeitalter ist und bleibt noch für einige Zeit tonangebend.

Der Durchbruch zu eurem wahren Sein wird sich über die biologischen Erkenntnisse entwickeln – wenn eure Biologen erkennen, dass das materielle Bewusstsein niemals allein in der Lage sein kann, alle lebenserhaltenden Prozesse zu steuern, und dass es somit eine höhere Ordnung, ein höheres Bewusstsein, geben muss.

Jetzt verstehe ich auch, warum du sagst, dass es unsere geistige Aufgabe ist, in den dumpfen irdischen Dimensionen selbsterkennendes Bewusstsein zu erschaffen. Mir wird langsam klar, woher die grandiose Leistung kommt, die nötig ist, unseren menschlichen Körper mit Billionen von Zellen in den unterschiedlichsten biologischen Prozessen zu steuern und zu erhalten, und das alles nur, um Bewusstsein in einem bestimmten Organ, dem Gehirn, entstehen zu lassen. Nur wundere ich mich, wie das Ganze gesteuert wird, oder anders gefragt, wie mein Höheres Selbst es schafft, meinen Körper in allen Funktionen zu steuern, zu erhalten und dabei noch weiter zu vervollkommnen.

Wie funktioniert das genau?

Lehmann: Wie der Geist es schafft, die biologischen Prozesse hervorzubringen, zu erhalten und weiterzuentwickeln, werde ich später noch ausführlich besprechen. Zunächst möchte ich einen globalen Zusammenhang aller Dimensionen aufzeigen.

Der Schöpfer allen Seins, der Weltengeist, Gott, wirkt aus der zwölften Dimension. Die zwölfte Dimension ist reines Bewusstsein, du kannst es dir als die Welt der Ideen vorstellen. Aus dem allumfassenden Bewusstsein, der zwölften Dimension, verströmt der »Schöpferische Geist Gottes« seine Ideen in alle anderen Dimensionen. Gottesbewusstsein ist somit in jedem Atom deiner Welt vorhanden. Um es noch einmal zu betonen: Die schöpferischen Ideen – das göttliche Bewusstsein – durchströmen schon ewig alle anderen Dimensionen.

In der elften Dimension, wo der Wille Gottes zuhause ist, werden die Ideen verwirklicht. Es ist der Wille Gottes, der aus der elften Dimension die Schöpfungsgedanken der zwölften Dimension in alle anderen Dimensionen trägt. Für diese Verwirklichung wurden Gesetze erschaffen, die in allen Dimensionen gelten.

Seit aller Ewigkeit wirkt der Wille Gottes aus der elften Dimension und überträgt die Ideen des Schöpfers in die anderen Dimensionen. Damit legt sich das allumfassende Bewusstsein – die göttlichen Ideen – wie ein Mantel über alle Dimensionen. Das allumfassende Bewusstsein ist damit zu jeder Zeit, an jedem Ort des Universums präsent und gestaltet alles nach den universellen Gesetzen des ewigen Schöpfungsprozesses.

Ist es also richtig, dass in der zwölften Dimension, dem absoluten Bewusstsein, die Ideen entstehen und in der elften der Wille wohnt, der die Ideen des Schöpfers in alle Di-

mensionen überträgt? Der göttliche Wille nutzt demnach die vorher erschaffenen Gesetze und formt die Entwicklung des Bewusstseins in allen Dimensionen.

Ich frage dich: Wird den Menschen und anderen Lebewesen damit nicht der freie Wille entzogen?

Lehmann: Du hast vergessen, dass es, wie schon gesagt, euer Auftrag ist, selbsterkennendes Bewusstsein zu erschaffen. Selbsterkenntnis entsteht nur, indem ihr euch selbst verwirklicht, und das geht nicht ohne freien Willen auf jeder Ebene. Euer freier Wille arbeitet und wirkt ähnlich wie euer Schöpfer: Auch ihr habt Ideen und setzt sie dann in die Tat um. Deshalb habt ihr euer Sprichwort *wie oben, so unten.* Die einzige Begrenzung eures freien Willens besteht darin, dass ihr die erschaffenen, universellen Gesetze nicht missachten dürft. Mit anderen Worten: Ihr habt nicht die Freiheit, die universellen Gesetze zu verletzen. Da endet der freie Wille.

Wenn ich mir die individuellen und kollektiven Probleme der Menschen und die vielfältigen menschlichen Verstrickungen ansehe, muss ich feststellen, dass aus dem freien Willen Chaos entsteht. Als Folge davon müssen sich viele Menschen, weil sie Gesetze missachten, den selbst verursachten karmischen Regulierungen fügen.

Warum tut der Mensch eigentlich so oft Dinge, die seine Fähigkeiten übersteigen, und verursacht dadurch individuelle wie auch kollektive Probleme?

Lehmann: Es ist nicht eure Schuld. Das liegt an der Schwere der Aufgabe, in euren Dimensionen sich selbst erkennendes Bewusstsein zu erschaffen.

Die vielen Lebensformen, die es gibt und zu denen auch der Mensch gehört, sind das Resultat von Versuchen, Bewirken und Erfahren. Bewusstsein zu entwickeln, bedeutet, die eigenen Grenzen und Möglichkeiten auszuloten. Dabei werden sehr oft die eigenen Möglichkeiten überschritten und individuelle wie auch kollektive Probleme erschaffen. Solche schmerzlichen Erlebnisse ermöglichen, trotz allem, ein schnelleres Lernen und führen zur Bewusstseinserweiterung. Es ist so, wie ihr immer sagt: »Not macht erfinderisch.«

Anscheinend haben wir das unbewusst erkannt und sagen aus diesem Grund: »Wer wagt, gewinnt« oder »Dies ist mir schmerzlich bewusst geworden«. Ist der Schulungsplanet Erde in Wahrheit also ein Leidensplanet?

Lehmann: Wenn du das so verstehst, wenn dein Begreifen in diese Richtung geht, bleibe dabei, solange es deinem Verständnis hilft, doch bedenke immer, dass deine Möglichkeiten begrenzt sind, dasjenige zu beschreiben, was du weder sehen noch bewusst betreten kannst, die Ebene deiner Seele und des Geistes. Hier klaffen in deiner Sprache und Vorstellungskraft noch riesige Lücken. Betrachte meine Erklärungen deshalb eher als Gleichnis und setze dir daraus ein Bild zusammen, das für dich stimmig ist. Du hast nun Gelegenheit dazu, weil ich dir gleich über dein Vorstellungsvermögen, über deinen Sprachschatz, Vorgänge in der neunten und zehnten Dimension vermitteln werde – in Worten und Begriffen, die du durch dein Denken und deine Wahrnehmungen erworben und erlernt hast.

Die grenzenlosen Weiten der Schöpfung brachten eine endlose Aufteilung von Gottes Willen mit sich. Es entstanden unzählige Geistwesen, die in der zehnten und neunten Dimension ihr Wirkungsfeld haben. Hier wurden Geistwesen für die vielen unterschiedlichen Bereiche erschaffen, in denen sie als Vermittler der Schöpfung Gottes dienen – und sie werden noch immer erschaffen. Auch dein Anteil am Geist wurde in diesen Prozess mit eingebunden, den du Schöpfung nennst.

Ich möchte deine Position folgendermaßen beschreiben: Das, was du als Höheres Selbst verstehst, ist dein Bewusstseinsspeicher in der neunten Dimension. Dein Zuhause hingegen befindet sich in der zehnten Dimension. Die zehnte Dimension kannst du dir als eine einzige große Familie aller Geistwesen vorstellen. Ähnlich wie in eurer Welt, in der Menschen mit den unterschiedlichsten Aufgaben befasst sind, wirken in den verschiedenen Bereichen der Schöpfung die vielen Geistwesen. Ich will aber noch einmal betonen, dass du dies nur als Gleichnis verstehen sollst, in Wirklichkeit ist alles anders.

Denn in den geistigen Dimensionen gibt es keine Zeit, keine Gravitation, kein Oben und Unten, nur reines Bewusstsein mit Wechselwirkungen, die du dir am besten als Resonanzen vorstellen kannst.

Dass lässt in mir viele Fragen entstehen. Mein geistiger Anteil, mein Höheres Selbst, hat einen freien Willen bekommen, und weil es seine Aufgabe als Geistwesen ist, Bewusstsein in die tieferen Dimensionen zu vermitteln, vermittelt es den freien Willen auch in das menschliche Bewusstsein. Doch mein menschliches Bewusstsein ist unvollkommen, es ist noch am Lernen, dadurch sehe ich den freien Willen für uns Menschen als sehr problematisch an.

Viele Menschen erlauben sich Freiheiten, die nicht immer zum Wohle des Ganzen beitragen.

Welcher Sinn steht dahinter?

Lehmann: Auch euer menschliches Bewusstsein ist, auf eurer Ebene, Mitgestalter und Mitwirkender an der Schöpfung, und deshalb benötigt ihr freies Handeln und freie Meinungsäußerung. Ohne Freiheit gibt es keine Kreativität, keine Entwicklung. Weil aber viele Menschen sich aus Unwissenheit Freiheiten herausnehmen und damit Probleme erschaffen, hat der schöpferische Geist Gesetze erlassen, die eure Freiheit einerseits tolerieren und andererseits auch begrenzen.

Es ist nun einmal so, dass euer Bewusstsein durch Grenzüberschreitung schneller lernt und besser selektiert. Jeder Erkenntnis gehen zahlreiche Fehlentscheidungen voraus. So funktioniert euer Lernen. Erkenntnis entsteht bei euren Entscheidungen dadurch, dass ihr erkannt habt: So geht es nicht, so kann man es nicht machen. Vor jeder Erkenntnis werden durch Ausprobieren oft gravierende Probleme erschaffen, und wie sagt ihr doch: Probleme sind dazu da, gelöst zu werden.

Das verstehe ich. Aus Fehlern werden wir klug. Doch wie ist es mit den schwierigen Taten, bei denen Menschen betrogen, verletzt oder gar getötet werden? Da kann man doch nicht mehr einfach sagen: Ja, wir lernen aus Problemen?

Lehmann: Auch das sind Lernprozesse, und zwar für beide Seiten, für Opfer und Täter, selbst wenn ihr die Zuordnung von Opfer und Täter nicht immer erkennt. Es ist vielleicht schwer zu glauben, aber selbst die übelsten Taten werden solange geahndet, bis das noch unzureichend entwickelte Bewusstsein durch neue Erkenntnisse lernt, sein Denken und Handeln zu meistern.

Das Mitspracherecht eures Höheren Selbst wird auf höherer Ebene beschlossen, in der zehnten Dimension. Wenn aufgrund eurer Handlungen Lernprozesse in weiteren Leben notwendig sind, führt das meistens zu einer Art Selbstbestrafung, zum Beispiel in Form von erschwerten Bedingungen in weiteren Reinkarnationen.

Euer Problem dabei ist, dass die auferlegten Zurechtweisungen sich manchmal über viele Reinkarnationen erstrecken. Weil Körper, Seele und Geist bekanntlich einen freien Willen haben, wird, nach Absprache mit den Einzelpersonen oder Gemeinschaften, die vom Karma des Einzelnen jeweils mitbetroffen sind, durch euer Höheres Selbst festgelegt, auf welcher Ebene – Körper oder Seele oder beide gleichzeitig – am ehesten neue Erkenntnisse notwendig sind. Nichts bleibt ungesühnt. Erst wenn bei dir durch gelebtes Wissen die klare Erkenntnis erworben wurde, dass ich so nicht handeln darf und es nie wieder tun werde, ist der Vorgang abgeschlossen.

Oskar und auch du, ihr seid für mich Geistführer und helft mir bei diversen Entscheidungen. Hast du als Geistwesen ebenfalls ein Mitspracherecht, wenn es um die Beurteilung von Missetaten geht, an denen ich mitbeteiligt bin?

Lehmann: Nun, die Antwort lautet ja. Wenn es sich um ein seelisches Fehlverhalten handelt, mit Folgen, die durch deine Seele verursacht wurden, dann findet die Beurteilung auf unserer Ebene statt.

Du sprichst von Beurteilung, nicht von Verurteilung. Wie soll ich das genau verstehen?

Lehmann: Auf den höheren Ebenen gibt es keine Verurteilung. Zwar wird jedes Fehlverhalten analysiert, aber im Einverständnis von Geist und Seele entsteht daraus ein Lernprozess, der die Möglichkeit bietet, unter ähnlichen, manchmal auch schwierigsten Bedingungen alles zu wiederholen. Es geht bei der Beurteilung und bei den

Aufgaben immer darum, auf dem bestmöglichen Weg richtig entscheiden und handeln zu lernen.

Schicksal und Karma sind für uns Menschen so etwas wie eine Bestrafung. Weil es nach deinen Worten keine Verurteilung gibt, kann ich eure Beurteilung für mich eigentlich nur als Gnade beschreiben. Gnade, weil Gott uns liebt?

Lehmann: Mehr noch, der Schöpfer liebt nicht nur seine Kinder, er weiß auch um die Schwere der Aufgaben. Er weiß, unter welchen Bedingungen ihr aus dem Geistigen, mit der Seele, in der zeitgebundenen materiellen Welt wirkt. Die Schwere der Aufgabe, Leben zu erhalten, es zu verbessern und mit selbsterkennendem Bewusstsein auszustatten, ist der Schöpfung sehr wohl bewusst. Das solltet ihr nie unterschätzen. Das ist wirklich elementar. Es ist dem göttlichen Bewusstsein bekannt, wie schwierig es für euch ist, mit einem organischen Gehirn ausgestattet zu sein, das selbst noch nicht vollkommen ist, das manipulierbar ist und durch Emotionen aus Logik und Sachlichkeit herausgerissen werden kann.

Ist für mich nachvollziehbar. Ich kann mir vorstellen, dass auf höchster Ebene versucht wird, uns den besten Weg der Erkenntnis zu bieten. Aber wenn ich sehe und höre, zu welchen Grausamkeiten Menschen fähig sind, dann fehlt mir einfach das Verständnis. Kannst du mir eine plausible Erklärung für diese Entgleisungen geben?

Lehmann: Es sind die Bedingungen auf der Erde, unter denen sich euer Leben entwickelt hat. Dein Leben, alle Lebewesen, sind in ein gigantisches Gemeinschaftsunternehmen eingebunden, das einander bedingt, miteinander Symbiosen eingeht und gleichzeitig übereinander herfällt – fressen und gefressen werden.

Auf der physischen Ebene lebt nach wie vor das Leben vom Leben. Besonders bei den Lebewesen, die instinktiv nach höherer Erkenntnis streben, ohne ihr Verhalten zu reflektieren oder selbst die Richtung zu erkennen, sind die Methoden der Selbsterhaltung, um nicht Opfer zu werden, nun einmal nicht die edelsten. Besonders junge Seelen, die noch sehr wenig Erfahrung mit dem menschlichen Körper und seinem Verhalten haben, können sich, mangels Bewusstseins und Lebenserfahrung, in deinen Augen grausam verhalten, und es ist die Aufgabe von erfahrenen Seelen, diese jungen Seelen in ihrer positiven Entwicklung zu unterstützen.

Diese positive Unterstützung junger Seelen ist meiner Meinung nach nur möglich, wenn Nächstenliebe und Gemeinschaftssinn vorhanden sind, die vernünftiges Handeln zulassen. Man hat mir gesagt, der Mensch ist ein vernunftbegabtes Wesen, doch ich habe oft den Eindruck, dass Unvernunft die Welt regiert. Bitte kläre mich auf.

Lehmann: Wir könnten das Thema psychologisch angehen, aber das würde uns nicht weit bringen, weil nicht alles psychologisch erklärbar ist. Unvernunft und die Steigerung zum Bösen ist eine Folge des Versuchs, aus primitiven Lebensformen so etwas wie Intelligenz zu formen.

Jedes Höhere Selbst mit seiner Seele, die sich gemeinsam eines jungen menschlichen Körpers annehmen, ihn, wie du es nennst, *beseelen*, stehen vor einem riesigen Problem: Geist und Seele müssen einen menschlichen Organismus am Leben erhalten, mit dem Ziel, ihn möglichst in vielen Bereichen zu verbessern. Jegliches Wissen des Höheren Selbst und der Seele, erworben während unzähligen Reinkarnationen im Tier und Pflanzenreich, ist nötig, um den menschlichen Organismus energetisch zu steuern, zu erhalten und zu formen. Es ist für den Geist im Zusammenwirken mit der Seele eine so gewaltige Aufgabe, dass die beiden fast hundert Prozent ihres Bewusstseins, ihr ganzes Wissen und Können, für die Steuerung aller Lebensprozesse aufbringen müssen. Es bleibt nur wenig geistige Energie für das denkende Bewusstsein übrig, denn nur wenn der Körper gut funktioniert und gesund ist, sind die Grundlagen für das Gehirn optimal und damit auch für das Denken. Die bewusste Wahrnehmung all eurer physischen und psychischen Prozesse ist noch sehr schwach ausgebildet, weshalb ihr vom »Unbewussten« sprecht, wenn bei euch von diesem sich in der Entwicklung befindlichen Vorgang die Rede ist.

Weil die Entfaltung des Bewusstseins eine so schwierige Angelegenheit ist, benötigte die menschliche Evolution Jahrmillionen, um eure heutige Gehirnkapazität zu erreichen. Die Steuerung und den Erhalt aller Körperfunktionen haben Geist und Seele inzwischen aber weitgehend im Griff, und sie haben Immunität und Regeneration auf einen hohen Stand gebracht.

Seit einigen Jahrhunderten wird nun der Versuch unternommen, der Entwicklung des Gehirns und des kreativen Denkens mehr Aufmerksamkeit zu widmen. Und das trägt Früchte: Viele Naturgesetze wurden entdeckt und beschrieben, das wissenschaftliche Denken entwickelte sich, und ein technisches Zeitalter begann.

Die menschliche Rasse steht jetzt an einer neuen Schwelle ihrer Entwicklung. Noch nicht ganz ausgereift, was Vernunft, Ethik und Moral angeht, versuchen viele Wissenschaftler, selbst schöpferisch zu werden, immer ausgefeiltere Versionen der Künstlichen Intelligenz umzusetzen und alles, was Wissenschaft und Technologie zu bieten haben. Damit seid ihr gerade sehr beschäftigt – jetzt, im Zeitalter des Transhumanismus.

Was ich damit sagen möchte ist, dass ihr zwar auf dem Weg seid, euer Denken positiv zu vervollkommnen, aber ihr werdet dafür noch viele Generationen brauchen. Unreif, wie ihr derzeit seid, eilt ihr zu weit voraus. Statt euer menschliches Selbst zu vervollkommnen, greift ihr nach den Sternen, entwickelt im Grunde veraltete Technologie wie die Künstliche Intelligenz immer weiter und glaubt, das wäre der richtige Weg. Weil eure wissenschaftlich-technische Kreativität das Sagen hat, vernachlässigt ihr die Entwicklung eurer psychischen, seelischen Eigenschaften. Viele von euch interessieren sich überhaupt nicht für Medialität und Spiritualität. Auch wichtige Eigenschaften wie Moral, Ethik, Gemeinschaftssinn und Verantwortungsgefühl für die Natur sind bei euch noch viel zu schwach entwickelt.

Ich verstehe, was du meinst. Unsere ethische Entwicklung vollzieht sich sehr langsam. Wir sind zwar auf dem richtigen Weg, aber noch verstellt uns unser Denken und Handeln bezüglich unserer technischen Errungenschaften und deren Nutzung den Weg zu unserem wahren Selbst.

Leider beantwortet das nicht meine Frage, warum es noch so viele böse Menschen gibt, obwohl doch der größte Teil von ihnen inzwischen eine Schulbildung hat?

Lehmann: Nun, du hast das Problem sehr gut erfasst. In den vergangenen Jahrtausenden musste der Mensch mit der Natur leben und sich anpassen. Der Mensch kämpfte ums Überleben, was dazu führte, dass ihr heute einen durch Vererbung gut angepassten Körper habt, der gelernt hat, in allen Regionen der Erde zu überleben, auch unter schwierigsten Bedingungen. Für diese Anpassung wurde euer Gehirn trainiert, aber vor historisch noch gar nicht so langer Zeit kam eine neue Programmierung hinzu, die sogenannte Schulbildung. Für einen großen Teil aller Seelen entstand dadurch eine ganz neue Herausforderung. Sie bekamen durch die Schulbildung ein aufgepfropftes Wissen, das nicht selbst erworben ist. Zwar ist es ein nutzbares Wissen, doch ohne gelebte Erfahrung. Das führt dazu, dass junge Seelen mit einer Schulbildung, aber mit nur wenigen Reinkarnationen ihr für die Anpassung an die Natur trainiertes Gehirn nun (infolge der Schulbildung) für technische Belange nutzen. Weil sie noch keine Erfahrung im Umgang mit Technik besitzen, bringen sie die Natur und viele Lebewesen, gelinde gesagt, damit an den Rand des Abgrunds.

Die technische Machbarkeit verführt sie dazu, auch im zwischenmenschlichen Bereich gefühllos zu handeln, als würden sie mit Maschinen umgehen. Ohne sich dessen bewusst zu sein, leiden sie darunter und verhalten sich deshalb hart und rücksichtslos. Nur jene – sich leider noch in der Minderheit befindlichen – Seelen, die schon in mehreren Inkarnationen Erfahrungen mit einem durch Schulbildung trainierten Gehirn gesammelt haben, entwickeln vernunftbegabtes Denken, passen sich mit ihrem Denken an technische Gegebenheiten an und leben nicht gegen die Natur. Sie versuchen, Mensch und Natur in Einklang zu bringen. Es geht eben immer darum, Entwicklungsschritte zu integrieren.

Ich entnehme deinen Erklärungen, dass junge Menschen ohne ein Vorleben, in dem sie eine Schulbildung durchlaufen haben, zur Gefahr für ihr Umfeld werden können, wenn sie in diesem Leben zum ersten Mal eine Schulbildung erhalten. Es zeigt sich also, dass vermitteltes, aber noch nicht gelebtes

Wissen, und zwar vor allem im Umgang mit technischen und technologischen Errungenschaften, das Verhalten junger Seelen rücksichtsloser werden lässt.

Du sagst aber auch, es handelt sich immer noch nur um eine Minderheit. Kannst du das in Zahlen ausdrücken?

Lehmann: Nun, der normale Reinkarnationszyklus von Leben zu Leben betrug vor fünfhundert Jahren noch einige Jahrhunderte und hat sich jetzt durch die Bevölkerungszunahme erheblich verkürzt, auf gegenwärtig achtzig bis hundertzwanzig Jahre. Ein großer Teil der jetzt lebenden Menschen, etwas mehr als fünfzig Prozent, hatte in ihrem Vorleben noch nie die Möglichkeit, ihr Gehirn durch fremdes Wissen, durch Schulbildung und schon gar nicht durch den Erwerb von wissenschaftlichen und abstrakten Begriffen trainieren zu lassen. Sie verfügen über das gleiche biologische Gehirn wie alte Seelen, haben aber zu wenig oder gar keine Erfahrung aus früheren Leben, auf die sie zurückgreifen können. Diese unerfahrenen Seelen erhalten nun eine Schulbildung und besuchen oft sogar eine Hochschule, können aber mit der aufgepfropften Intelligenz und mit den Folgen ihrer selbst erdachten Handlungen noch nicht vernünftig umgehen, weil ihnen die Erfahrung aus ähnlichen Bedingungen in Vorleben fehlt. Du kannst dir vorstellen, was für eine vertrackte Situation das ist. Für einige wird die Macht des Denkens zur Waffe und sie stören mit Worten, Handlungen und Anweisungen das kollektive Geschehen.

Demnach leben wir also durch die technische Evolution in einer gefährlichen Epoche?

Lehmann: In einer sehr gefährlichen sogar. Die erfahrenen helfenden Seelen in eurer Welt und wir helfende Geistwesen haben, wie ihr sagt, alle Hände voll zu tun, um das Schlimmste zu verhindern.

Menschen, die jetzt geboren werden, bringen demnach zum Teil keine praktischen Erfahrungen bezüglich unserer technischen Errungenschaften mit. Sie verfügen über keine Erfahrung aus Vorleben, wie man mit technischen, chemischen Produkten und Geräten sowie Maschinen umgeht. Sie handeln nur mit dem Wissen, das sie in diesem Leben erworben haben, und glauben oft, sie hätten nur dieses eine Leben. Daher handeln sie gemäß dem Motto: nach mir die Sintflut. Ich meine, ihnen fehlt einfach ethisches und moralisches Denken. Sie handeln aus Unwissenheit.

Lehmann: Das hast du richtig erkannt. Eure Gehirne haben sich durch die Schulbildung, bei allen bildungsmäßigen Mängeln des Systems, seit ein paar Jahrhunderten deutlich weiterentwickelt. Ihr habt technische Leistungen erbracht, die ihr allein mit euren Sinnen und eurem Denken nicht mehr beherrschen könnt. Ihr musstet Rechenmaschinen entwickeln, Computer, weil ohne computergesteuerte Datenverarbeitung bestimmte Technologien nicht beherrschbar sind. Diese Spitzentechnologien, bei denen ihr über keine Langzeiterfahrungen verfügt, sind für euch zum Problem geworden. Nicht nur, dass ihr mit den Auswirkungen und den sich daraus entwickelnden Gefahren noch nicht umgehen gelernt habt, ihr setzt sie sogar als Waffen gegeneinander ein, und einige von euch betrachten das als eine menschliche Errungenschaft.

Habe ich richtig verstanden, dass du einerseits die Technologien der großen Rechenzentren und Computer kritisch siehst, aber gleichzeitig sagst, dass wir sie benötigen, um moderne technische Anlagen betreiben zu können? Worauf läuft das hinaus? Glaubst du, dass die Entwicklung von Künstlicher Intelligenz für uns Menschen gefährlich werden kann?

Lehmann: Sie kann gefährlich werden, weil alle Rechenprogramme von Menschen erstellt werden und somit ganz und gar nicht künstlich sind. Genau darin sehe ich das Problem, denn diese Programme werden von Menschen geschrieben, die noch keine Erfahrung darin haben, was sich aus all den Programmen entwickeln kann. Besonders kritisch sehe ich den Einsatz selbstlernender Programme, die auf der Grundlage des irrationalen Denkens ihrer Programmierer entstanden. Denn auch Logik kann irrational sein, wenn nicht Ethik und Moral eine tragende Komponente sind. Das kann sich bereits gefährlich auswirken bei Industrieanlagen, in denen gefährliche Substanzen verarbeitet werden. Eine noch größere Gefahr geht von euren computergesteuerten Waffensystemen aus. Wenn man das alles zusammen betrachtet, lebt ihr zur Zeit tatsächlich in einer sehr gefährlichen Epoche.

Wenn du unsere Entwicklung insgesamt eher als problematisch einschätzt, wird mir ganz anders. Haben wir denn trotzdem noch eine Chance, dass alles gut wird?

Lehmann: Du gehörst zu einer wachsenden Zahl von Menschen, die in dieser Zeit mit uns und darüber hinaus mit dem Geist in Verbindung treten, und so erheben inzwischen viele geschulte und erfahrene Seelen heute ihre warnende Stimme. Es sind die vielen bewussten Menschen, die durch ihre Reinkarnationserfahrungen Vernunft, Ethik und Moral entwickelt haben und in den unterschiedlichsten Bereichen versuchen, die kollektive Entwicklung bei euch in die richtigen Bahnen zu lenken. Sie alle wollen eure Sichtweisen, euer sich entwickelndes Bewusstsein stabilisieren, damit ihr aus euren sogenannten Errungenschaften einen positiven Nutzen ziehen könnt und nicht durch sie untergeht.

Es würde mich freuen, wenn wir beide durch unser Gespräch daran mitwirken. Lass mich die Gelegenheit nutzen, dich zu fragen, wie ich noch mehr dazu beitragen kann.

3

Über die **Bewusstwerdung** des Menschen

Lehmann: Wir werden uns, um dir diese Frage zu beantworten, eines Themas annehmen, das auf dein Bewusstsein zugeschnitten ist. Ich werde versuchen, dir zu erklären, was für ein großartiges Wesen jeder Mensch ist und mit welchen großartigen Fähigkeiten ihr alle ausgestattet seid. Nur leider nutzt ihr sie meistens nicht, sondern missachtet sie eher. Es fehlt euch oft das nach innen gerichtete Bewusstsein, ein Fragensteller, der sich auf Grundsätzliches bezieht. Ihr fragt euch nicht: Wer hält mich am Leben? Was *ist* mein Leben? Lass mich deshalb noch einmal von vorne anfangen und dir die wahren Zusammenhänge deines von Geist und Seele vermittelten, sich entwickelnden Bewusstseins darlegen. Denn erst, wenn der Mensch sich seiner wahren Herkunft und seines Potenzials voll bewusst ist, werden auf der Erde Frieden und Harmonie einkehren.

Ist das, was du mir nun sagen wirst, auch für das Verständnis der Dimensionen wichtig?

Lehmann: Oh, es wird euer Verständnis der Dimensionen erheblich fördern, und das, was wir hier gemeinsam entwickeln, wird zu einem der wichtigsten Kapitel im vorliegenden Buch werden. Mache dir klar, dass alle dir bekannten Probleme der Menschen aus einigen wenigen Fehlleistungen ihres Bewusstseins entstehen. Eure weisen Führer haben das alle schon erkannt und euch gesagt, was ihr falsch macht, und wenn diese Botschaft bei euch noch immer nicht angekommen ist, dann solltet ihr euch nach dem Grund fragen. Wir werden gemeinsam die wahre Größe des Menschen aufzeigen und den Sinn eurer Existenz deutlich beschreiben. Fangen wir mit der höchsten Instanz eures Bewusstseins an.

Es ist wichtig, dass das menschliche Bewusstsein sich bewusst wird, dass es ein Teil eines viel größeren Gesamtbewusstseins ist. Deshalb fange ich mit eurer wahren Größe an, dem, was euch am Leben erhält. Euer menschlicher Körper wird nicht von den Genen am Leben erhalten, sie enthalten lediglich den Bauplan, der durch Vererbung weitergegeben wird. Sie bilden zwar die Grundlage der Evolution, nicht aber des Bewusstseins. Vom kleinsten Atom bis zum Ganzkörpergeschehen ist der Mensch ein energetisch gesteuertes Wesen. Diese Steuerung kommt nicht vom Gehirn, nicht von den Genen, diese Steuerung kommt aus eurem Geist mit seiner Seele, aus eurem höheren Bewusstsein, aus der neunten und zehnten Dimension. Und vermittelt wird sie über die fünfte bis achte Dimension.

Dann müssen wir aber ganz schön umdenken lernen, denn uns wird immer erklärt, dass die Gene so unglaublich wichtig sind und einfach alles für uns erledigen.

Lehmann: Die Gene sind schon wichtig, aber eben nur für den Bauplan – für das von der Evolution entwickelte biologische Strukturbild. Gesteuert wird alles, die gesamte Lebensenergie eures Seins, durch energetische Informationen aus den höheren Dimensionen. Diese Steuerung der Lebensenergie ist so vielseitig und anspruchsvoll, dass selbst eure großen Rechenmaschinen nicht annähernd den Datenfluss bewältigen könnten, der unaufhörlich im menschlichen Körper stattfindet. Das ist eine Meisterleistung, die euer höheres Bewusstsein da erbringt, euer Geist, zusammen mit der Seele.

Um euch das Verständnis für diese kolossale Leistung zu erleichtern, möchte ich euch ein Beispiel für euer wahres Leistungsvermögen nennen. Euer Körper besteht aus vielen Billionen Zellen, das sind Tausende mal mehr Zellen, als es Menschen auf der Erde gibt, und in jeder Zelle laufen in jeder Sekunde unzählige chemische Reaktionen ab. Es ist eure *Seele*, die durch Information des Geistes alle Prozesse in euren Zellen steuert, all die vielen Abertausende molekularer Prozesse, in jeder Sekunde, und das geschieht gleichzeitig in Billionen Zellen. Das ist ein Teil eurer wahren Größe als Geistwesen. Ihr habt das erlernt und beherrscht die für das Leben notwendigen Prozesse in eurem Körper aus dem Effeff.

Die Körper- und Zellsteuerung kann ich akzeptieren und nachvollziehen. Ich verstehe aber nicht, wie die gewaltige Datenflut, die dafür notwendig ist, all ihre vielen unterschiedlichen Ziele schließlich erreicht. Gibt es bestimmte Strukturen, die den Fluss kanalisieren?

Lehmann: Allerdings. Parallel zur DNA, dem Bauplan alles Biologischen, entwickelte sich im Laufe der Evolution etwas, was ich als energetisches Drei-Phasen-Netz bezeichne. Es umfasst das Nervensystem, das Meridiansystem und das Chakrensystem. Alle drei Systeme wirken gleichzeitig autark und im Verbund. Sie übermitteln jegliche Informationen, die erforderlich sind, um das Körperlich-Chemische aufrechtzuerhalten. So wird, auf der Grundlage der DNA, mittels dieses energetischen Schaltplans alles Biologische am Leben erhalten.

Aber wir haben noch die Ebene der Psyche. Wie hängt dieser Schaltplan denn mit unserer Psyche zusammen – oder auch mit unseren Charaktereigenschaften?

Lehmann: Die Psyche und unsere Charaktereigenschaften werden schon im Mutterleib strukturiert. Sie ergeben sich aus den Strukturen der DNA im Zusammenspiel mit dem geistigen Schaltplan. Sie werden so aufeinander abgestimmt, dass sie für das jeweilige Leben eine Verbesserung sowohl im Bauplan der DNA wie auch im Schaltplan des Drei-Phasen-Netzes ermöglichen.

Ganz und gar erstaunlich. Deine Aussagen sind ein wichtiger Hinweis auf eine häufig geäußerte Irritation bei uns Menschen. Viele Eltern erwarten, dass ihre Kinder die gleichen oder ähnliche Eigenschaften aufweisen wie sie selbst und sind dann enttäuscht, wenn sie – wie es so schön heißt – »aus der Art schlagen«. Dir zufolge werden die psychischen Eigenschaften aber gar nicht vererbt, sondern immer neu zusammengestellt, damit individuell Verbesserungen in der Lebensführung entstehen können.

Das ist eine ganz und gar neue Sichtweise. Ist das der Grund dafür, dass wir eine freie Willensäußerung haben und dass wir durch unsere Lebenserfahrung Verbesserungen an der DNA und an unserem Drei-Phasen-Energiesystem erarbeiten können? Ist unsere bei jeder Inkarnation jeweils neu zusammengesetzte Psyche vielleicht auch der Grund dafür, dass wir in jedem Leben immer speziellere oder andere Aufgaben erledigen?

Lehmann: Ihr habt in jedem Leben grundsätzliche Aufgaben zu erledigen. An erster Stelle möchte ich die Selbsterkenntnis nennen. Das ist so eine Art Entdeckungsreise, auf der ihr herausfindet, wer ihr wirklich seid. Euer Geist und eure Seele erhalten und formen auf dieser Reise ein Wunderwerk des Lebens, das ihr selbst seid und das ständiger Verbesserung unterliegt. Doch das ist längst nicht alles, ihr beherrscht noch ganz andere Dinge.

Nehmen wir nur einmal das, was ihr unter Symbiose versteht, das Zusammenleben von Vertretern verschiedener Arten, die zum gegenseitigen Nutzen erfolgt. Ihr lebt mit Viren, Bakterien und vielen anderen Mikroorganismen in ständiger Symbiose, schon immer. Ohne diese Symbiose könnte der menschliche Körper nicht bestehen. In einem gesunden Darm leben zigmal mehr Bakterien, als ihr Zellen habt. Diese Bakterien sind nicht euer Körper, ihr habt sie *in* eurem Körper, damit sie die Nahrung für euch aufarbeiten. Der Darm kann dadurch die wichtigen Stoffe aufnehmen, um sie über das Blut an alle Zellen zu liefern.

Eure Wissenschaft hat das alles in den letzten Jahrhunderten durchaus erkannt und bildet sich viel auf diese Forschungsleistung ein. Doch was sie noch nicht erkannt hat: Der wahre Schöpfer des Lebens ist euer Geist, zusammen mit der Seele. Er leistet die eigentliche Arbeit, was von der Mehrzahl eurer Wissenschaftler nicht gesehen wird – bestenfalls ordnen sie es dem »Unbewussten« zu, weil sie es nicht zu fassen bekommen.

Natürlich gibt es Ausnahmen, und so kann ich das nicht pauschal über alle Wissenschaftler sagen. Ja, es gibt sogar mehr Leute, als ihr meint, die die Zusammenhänge zwischen Geist, Seele und Körper erkannt haben. Doch in eurem Bildungssystem wird euch nach wie vor nicht beigebracht, dass der Geist in jedem Menschen das wahre Leben ist und alles erschafft.

Jetzt frage ich euch: Liegt das vielleicht daran, dass eure Naturreligionen dies schon immer behaupten und eure Wissenschaftler nicht zugeben wollen, dass die Naturvölker recht haben? Wohlgemerkt, ich spreche hier vom spirituellen Kern dieser Lehren.

Das leuchtet mir ein, denn ein solches Wissen würde den Menschen ganz andere Glaubenssätze vermitteln und ihnen völlig neue Möglichkeiten an die Hand geben.

Aber mich beschäftigt gerade noch sehr, was du zum Thema Symbiose gesagt hast. Das finde ich äußerst bemerkenswert. Hier funktioniert in unserem eigenen Körper etwas auf »unbewusster« Ebene, was den Menschen sonst meistens Probleme bereitet. Das Zusammenwirken verschiedener Gattungen von Lebewesen kann doch nur funktionieren, wenn zwischen ihnen ein angemessener Gemeinschaftssinn besteht. Das ist bei Menschen und Bakterien nicht anders. Eines der größten Probleme der Menschheit ist aber gerade mangelnder Gemeinschaftssinn. Viele Menschen denken nur an sich, bestenfalls noch an die Familie. Gegenüber anderen Menschen und bei Pflanzen, Tieren und der Natur zeigt sich ein hohes Maß an Missachtung.

Nun ja, wir wissen, woher das rührt.

In unserer Welt haben die Menschen sehr viel mit sich selbst zu tun und werden nicht aufgeklärt über ihre Umwelt. So entsteht dieser Mangel an Gemeinschaftssinn. Dabei kann der Mensch ohne Gemeinschaftssinn nicht existieren. Vielleicht macht uns die Symbiose in unserem Körper das wieder deutlich, weil sie uns auffordert, dieses Zusammenwirken zum gegenseitigen Nutzen zu erkennen? Mit seinem sehr egozentrisch angelegten Bewusstsein erkennt der Mensch nicht, dass Gemeinschaftssinn eine natürliche Notwendigkeit für ein zufriedenes und gesundes Leben ist. Würde im Biologieunterricht den Kindern die Symbiose besser erklärt, im Sinne von »wie innen, so auch außen«, dann müsste doch im Denken mehr nach außen gerichteter Gemeinschaftssinn entstehen?

Lehmann: Sicher. Allerdings wäre es dazu erforderlich, vorher Geist und Seele als das wahre Bewusstsein hervorzuheben, das jegliche Vorgänge steuert.

Das wird nicht einfach werden. Hier kann ich sogar noch einmal auf die Religionen zurückkommen, um das verständlicher zu machen. In unserer Welt erleben wir kaum noch das Wirken und Denken der Naturvölker, also echte tradierte und spirituelle Erklärungsmodelle. Vielmehr wurden die Religionen unserer Zeit durchaus bewusst von entsprechenden Machthabern fest verankert in Glaubensbekenntnissen, die allzu oft den gemeinschaftlichen Umgang zwischen verschiedenen Religionen erschweren oder gar unmöglich ma-

chen, was in einigen Zonen der Erde sogar zu kriegerischen Auseinandersetzungen führt. Wenn ich das alles betrachte, sehe ich auf gesellschaftlicher Ebene doch eher schwarz für eine Verbesserung unseres Gemeinschaftssinns.

Lehmann: Dein Schwarzsehen ist für die Gegenwart berechtigt, doch schon in sehr naher Zukunft wird sich das ändern. Aufklärung ist gefragt und wird um sich greifen – in sämtlichen Wissenschaftszweigen und auch in den großen Weltreligionen. Bei ihrer Geburt kennen die Menschen weder Wissenschaft noch Religion, aber sie haben ein Grundbedürfnis nach Mitgefühl, das ein Teil des Gemeinschaftssinns ist. Bisher war es so, dass die aufgepfropfte Schulbildung durch Inhalt und Benotung bei jungen unerfahrenen Seelen zu Egoismus führte, und diese Einstellung wiederum erschwerte den Gemeinschaftssinn. Es wird jedoch zu einer durchgreifenden Änderung im ethischen und moralischen Verhalten der Menschheit kommen, sobald die wahre Größe des Menschen mit seinem Geist und seiner Seele – und damit das Leben an sich – als Struktur der Schöpfung anerkannt ist.

Das klingt mir doch sehr optimistisch, denn dazu müssten die Naturwissenschaften zum Beispiel die steuernde Energie, das Geistig-Seelische im Menschen, erfassen können. Und das scheint mir noch lange nicht in Aussicht zu stehen. Sie können vielleicht an die Existenz dieser steuernden Energien glauben, doch Glauben ist kein Wissen.

Lehmann: Habt Geduld, der Nachweis wird kommen, und zwar von jenen Wissenschaften, die immer tiefer in die Phänomene der Quantenphysik eindringen und Messverfahren entwickeln, die auch jene energetischen Übertragungen aus der fünften und sechsten Dimension erfassen, mit denen alles Leben steuernd aufrechterhalten wird. Vertraue darauf, dass ihr schon bald viel besser verstehen werdet, was Leben wirklich ist.

Dazu werden auch Heiler und Heilerschulen beitragen, die weltweit immer mehr Anerkennung finden. Nimm nur das Geistige Heilen, wie du es ausübst und lehrst. Es erbringt ständig neu den Nachweis, dass über energetische Zentren im menschlichen Körper Energien und Informationen aus höheren Dimensionen einströmen, die Krankheiten heilen können. Widme dich weiter deiner Aufklärungsarbeit, wie viele andere auch. Die Zeit ist nahe, in der ihr als Wegbereiter einer neuen Sicht des Lebens allgemein anerkannt sein werdet.

Das ist tröstlich. Ich wünsche mir aber weiterhin Unterstützung von euch geistigen Helfern, besonders Informationen dazu, wie wir Heiler unseren Klienten Impulse geben können, die ihnen helfen, ihre wahre Größe als Geistwesen in einem Körper zu erkennen. Beim Heilen mit geistigen Kräften geschehen ja ständig Veränderungen, die man sehr wohl als Heilung ansehen kann. Aber wenn ich dann erkläre, dass mir geistige Helfer zur Seite stehen und ich mich lediglich als den Vermittler betrachte, stoße ich bei vielen Menschen immer auf große Skepsis, ja sogar Ablehnung. Aufgrund ihrer vorgeprägten Denkweise und Bildung sind sie blockiert und können sich diese Art der Heilung einfach nicht vorstellen.

Lehmann: Das Geistige Heilen gibt euch Heilern überzeugende Argumente an die Hand, nämlich immer dann, wenn sich im Körper eurer Patienten Veränderungen manifestieren, die naturwissenschaftlich nur schwer oder überhaupt nicht erklärbar sind.

Dazu gehören Spontanheilungen und das Auslöschen unerlöster Konflikte sowie die Korrektur erworbener falscher Glaubenssätze. Wenn Geheilte das am eigenen Körper, in ihrer eigenen Wahrnehmung, erlebt haben, sollte ein Umdenken einsetzen. Wenn noch zusätzlich Aufklärungsarbeit geleistet wird, können solche wundersamen Erfahrungen die naturwissenschaftlichen Annahmen über das Leben überzeugend widerlegen.

Das stimmt. Ich nehme es in meiner praktischen Arbeit jeden Tag wahr, und genauso die von meiner Schule ausgebildeten Heiler. Aber wenn die Patienten dann, wie ich es immer wieder erlebt habe, in der Familie und im Freundeskreis von ihren Erlebnissen berichten, wird ihnen oft gesagt: »Glaubst du etwa an diesen Quatsch?«

Mache ich also etwas falsch?

Lehmann: Menschen, die rein materialistisch denken, kannst du nur schwer zum Umdenken bewegen, sie müssen es mit eigenen Augen sehen oder sogar am eigenen Körper erleben. Neue Erkenntnisse, neues Wissen können verhärtete Glaubenssätze nicht aufbrechen, wenn sie nicht mit persönlicher Erfahrung verbunden sind.

Eine Vorstufe für geistiges Erleben gibt es aber, nämlich die Meditation. Sei zuversichtlich, denn in eurer von technischen Errungenschaften durchzogenen Welt suchen immer mehr Menschen in der Meditation eine Antwort auf solche Fragen wie: »Wer bin ich? Wie kann ich mir die Seele vorstellen? Was ist Intuition? Woher kommen meine Ahnungen?« Stelle Menschen, die nicht an etwas Höheres glauben, die Frage, warum sie nicht ihre Selbsterkenntnis forcieren. Wer wirklich in sich hineinhorcht, stößt unweigerlich auch auf Überlegungen dieser Art: Wer bin ich, was bin ich?

Natürlich wirst du auf Menschen treffen, die so sehr von sich überzeugt sind, dass es für sie neben ihrer eigenen Intelligenz nichts Höheres gibt. Mach dir wegen solcher Menschen keine Sorgen. Es wird für alle der Zeitpunkt kommen, an dem sie umdenken müssen. Und noch etwas: Auch Zweifler, Egoisten und Sturköpfe haben ihre Berechtigung und sind Teil des Ganzen. Wenn Menschen eine herausfordernde Haltung einnehmen, löst das bei anderen kreatives Lernen aus.

Alle erfahrenen Heiler, mit denen ich sprach, sind ein lebendiger Beweis für die Realität des Geistigen Heilens. Sie sind zutiefst überzeugt, dass Geist, Seele und Gott existieren, und sie vertreten diese Überzeugung bei ihrer Heilarbeit, und das schon seit langer Zeit.

Zu diesem Thema möchte ich hier den Schweizer Psychiater und Begründer der analytischen Psychologie Carl Gustav Jung zitieren, aus einem Artikel, den er »Die Morgenröte einer neuen Zeit« nannte und für eine Zeitschrift schrieb, nachdem er in den 1950er Jahren, wenige Jahre vor seinem Tod, in London englische Heiler bei ihrer Arbeit beobachtet hatte:

»Ich glaube, dass Heilen auf nicht-materiellem Weg, durch geistige Methoden, eine Zukunft ungeahnter Möglichkeiten hat. Und ich glaube, dass ihr Bereich allmählich über das, was wir heute, zu Recht oder Unrecht, als ›funktionell‹ bezeichnen, hinauswachsen und auch alles Organische umschließen wird.

Ich sehe die Morgenröte einer neuen Zeit vor mir aufleuchten, in der man gewisse chirurgische Eingriffe, zum Beispiel an inneren Gewächsen, als bloße Flickarbeit ansehen wird, voller Entsetzen, dass es überhaupt einmal ein so beschränktes Wissen über Heilmethoden gab. Dann wird kaum noch Raum sein für althergebrachte Arzneimittel. Es liegt mir fern, die moderne Medizin und Chirurgie irgendwie herabzusetzen, ich hege im Gegenteil große Bewunderung für beide.

Aber ich habe Blicke tun dürfen in die ungeheuerlichen Energien, die der Persönlichkeit selbst innewohnen, und in solche von außerhalb liegenden Quellen, die unter gewissen Bedingungen durch sie hindurchströmen und die ich nicht anders als göttlich bezeichnen kann; Kräfte, die nicht allein funktionelle Störungen heilen können, sondern auch organisch bedingte, die sich als bloße Begleiterscheinungen seelisch-geistiger Störungen herausstellten.«

Für mich und viele andere Heiler steht außer Frage, dass der große C. G. Jung sich hier als wahrhaft richtungsweisend zeigt, was die Zukunft unserer Medizin betrifft. Doch leider werden so vorausschauende Auffassungen, wenn ihnen auch nur ein Schimmer von Wahrheit innewohnt, gerne gleich in den Bereich des Absurden und der Blödsinnigkeit abgeschoben. Gier ist dann oft der Grund, der hinter einem solchen Handeln steckt, wissentlich und manchmal auch unwissentlich, weil man sich einfach durch die Wahrung des etablierten Systems weiter seines finanziellen Zustroms erfreuen möchte, und das Patientenwohl ist dabei leider zweitrangig. Viele werden mir zustimmen, dass das in den letzten Jahren gerade mit Blick auf das Wirken der Pharmaindustrie so deutlich geworden ist wie nie zuvor.

Warum sind so viele Menschen gierig, warum haben sie den Wunsch, immer noch mehr haben zu wollen, obwohl sie schon viel besitzen? Meiner Meinung nach stellen diese gierigen Menschen ein Problem für die Gemeinschaft dar, zumal sie oft mächtig sind und großen gesellschaftlichen Einfluss ausüben. Was steckt hinter ihrem doch scheinbar sinnlosen Verhalten? Kannst du mir dazu etwas sagen?

Lehmann: Fangen wir mit der harmlosen Form der Gier an, der Neugier. Sie wird genährt durch auf Ausdehnung gerichtete Emotionen, die den Menschen antreiben, so dass sich aus dem Wunsch zu lernen, dem Wissenstrieb, eine regelrechte Wissensgier entwickeln kann. Diese Wissensgier kann sich aufgrund von Besitzstreben zur Besitzgier auswachsen. Solche Emotionen sind für viele Menschen ein ernstes Problem.

Es ist eine Lebensaufgabe, die Beherrschung der eigenen Emotionen zu erlernen. Die durch Gier entstandenen Auswüchse findest du bei Menschen, die nicht erkennen, dass ihre Emotionen sich unkontrolliert in ihr Denken und Handeln eingeschlichen haben. Den Begriff des Loslassens kennen sie nicht, so wenig wie den der Genügsamkeit. Menschen mit so einseitiger Veranlagung sind nicht in der Lage, ausgeglichen zu denken und zu handeln. Einseitige Emotionen sind auch verantwortlich dafür, dass solche Menschen alles, was die Balance der energetischen Systeme im Menschen stärkt, wie Meditation, für sinnlose Zeitverschwendung halten. Aber auch solche sehr einseitig ausgerichteten Menschen haben ihren Platz in der Schöpfung. Sie veranschaulichen den in Ruhe, Gelassenheit und Ausgewogenheit Lebenden, wie man es *nicht* machen sollte. Jeder gierig Veranlagte ist unzufrieden, weil er nicht alles bekommen kann, was er möchte. Und diese Unzufriedenheit wird bei ihm irgendwann ein Umdenken bewirken. In einer Welt, die nach Harmonie und Vollkommenheit strebt, entwickelt sich aus Unsinnigem Sinnloses, doch das Umdenken braucht seine Zeit.

Ich verstehe. Wer nach Selbsterkenntnis strebt, kann aus den Fehlern anderer lernen. Da erscheint es mir ja fast so, als wären die Bösewichte dieser Welt ein Vorbild für uns. Sie zeigen uns, wie wir uns nicht benehmen, nicht vorgehen und nicht wirken sollten. Wer nach Erkenntnis strebt, kann also sehr wohl, ohne selbst böse zu handeln, durch reines Beobachten erkennen, wie sich ein unangenehmes Schicksal und Karma vermeiden lässt.

Lehmann: Nun hast du erkannt, dass in einer Welt der Gegensätze alles seinen Sinn hat.

Überlege doch einmal, ob nicht alles Ausufernde vielleicht dazu beiträgt, dass die menschliche Spezies sich schneller und müheloser entwickelt?

Du hast recht. Ich habe von jedem Kranken etwas gelernt, und zwar immer dann, wenn ich die Ursache seines Leidens erkannte und mir sagte: Ein Glück, dass ich diese Fehler nicht mehr mache, sonst würde es mir genauso ergehen wie diesem Kranken. Man sieht: Auch aus dem Unglück anderer können wir lernen – und das, ohne uns selbst durch Ursache und Wirkung hindurch zu quälen. Wir dürfen durch reines Beobachten lernen.

Aber wie steht es mit dem Glauben? Nach meiner Wahrnehmung ist der Glaube für uns Menschen wichtig. Über den Glauben können wir Sinneseindrücke erleben, die über unsere vier Dimensionen hinausgehen. Der Glaube ermöglicht uns das Gebet, durch das wir mit höheren Dimensionen in Kontakt treten.

Kannst du mir dazu etwas sagen?

Lehmann: Glauben ist der Schlüssel zur Erkenntnis, und dieser Schlüssel ist universal. Glauben ist kein Wissen, aber die Vorstufe dazu. Du hast recht mit deiner Annahme, dass der Glaube uns in höhere Dimensionen führt, und zugleich ist der Glaube viel mehr. Er ist nicht nur eine Gleitschiene in jenseitige Dimensionen, sondern überbrückt das rationale Denken des Menschen und bietet so die Möglichkeit, Sinneseindrücke außerhalb des rationalen Verstandes zu empfangen. Das hast du selbst schon erlebt.

Am Anfang deines außersinnlichen Wahrnehmens hast du dir noch viele Gedanken gemacht, ob das, was du wahrnimmst, denn auch stimmt. Aber du warst der festen Überzeugung, auf dem richtigen Weg zu sein. Hättest du nicht an die Realität außersinnlicher Wahrnehmungen geglaubt, würden wir beide jetzt diesen Dialog nicht führen können.

Deine Tätigkeiten als Heiler und Lehrer, die Erfolge, die du dabei erzielst, beruhen oft ebenfalls auf deinem Glauben. Es kommt nur immer darauf an, das Geglaubte zu überprüfen. Das ist das Wichtigste für euch Menschen, damit ihr nicht in die Willkür abgleitet. Fragt euch: Wie und in welcher Form erscheint euch etwas sinnvoll, und welchen Nutzen bringt es eurer Welt? Wichtig ist, dass aus Glaubenssätzen Wissenswertes entstehen sollte. Andernfalls ist und bleibt es Aberglaube.

Ich möchte eines hinzufügen: Glaube kann in uns auch Emotionen auslösen, und dann wird es kritisch. Bestimmte Glaubensmuster können Angst erzeugen oder auch Verzückung, und dann sind wir bei den Dogmen der Religion, die für Menschen wie ein Gefängnis sein können.

Kannst du mir etwas über den Sinn des Glaubens für uns Menschen sagen? Was hat es damit auf sich?

Lehmann: Der Glaube an etwas unterstützt eure Anpassung. Je effektiver die Anpassung erfolgt, desto mehr unterstützt der Glaube die Umwelt mit allem Geschehen. Glauben, Ahnen und Hoffen sind Zündstoff für Wissenserwerb und Leistung, steigern den Mut, schaffen Selbstvertrauen: »Ich werde es erreichen, ich werde es schaffen.« Ein Mensch ohne Glauben, ohne Ahnung und Hoffnung steht immer auf der Verliererseite.

Ihr könnt den Glauben und einige andere Bewusstseinsausrichtungen dem Seelischen im Menschen zuzuordnen. Sie sind nicht durch Wissenserwerb in eure private Welt gelangt. Eure Seele bietet euch diese Verhaltensweisen an, zur Stärkung und Festigung des eigenen Verhaltens, aber auch zur Entfaltung eures Bewusstseins, das dadurch immer wieder an die Schwelle neuer Erkenntnisse geführt wird. Der Glaube an einen Gott, der spirituelle Glaube, ist die Vorstufe für Vertrauen ins eigene Leben. Ihr vertraut Gott in euch. Der nächste Schritt ist die Erkenntnis über die Natur eures eigenen Selbst und die damit verbundene Aufgabe als menschliches Bewusstsein. Das führt euch zur wahren Gotteserkenntnis.

Du sagst, der Glaube gehört zu unseren seelischen Eigenschaften, und obwohl er nichts mit unseren psychischen Charaktermerkmalen zu tun hat, formt er unser Verhalten. Er stärkt unsere Zuversicht und führt zu immer neuen Leistungen im Leben, die uns dann wiederum Hinweise auf unsere seelisch-geistige Existenz liefern. Doch wie sollen wir an die Existenz unserer Seele glauben, wenn es schon schwer genug ist, unser wahres Selbst zu begreifen?

Lehmann: Du hast recht, viele Menschen haben damit ein Problem. Sie sind so sehr auf der Suche nach ihrem wahren Selbst, dass sie schon gar nicht an ihre Seele glauben, zumal sie sich nicht vorstellen können, was es denn mit ihr auf sich haben könnte.

Aber du und viele andere erfahren durch ihre Medialität, dass es außerhalb der physischen Welt noch andere Dimensionen gibt, in denen Bewusstsein existiert und in denen auch die Seele zuhause ist. Solche Menschen haben die Schwelle zu einer höheren Wahrnehmung überschritten, die den meisten verborgen bleibt, und es werden von Jahr zu Jahr mehr. Eine derartige Bewusstseinsentwicklung ist von der Schöpfung erwünscht. Es ist eine langsame, aber stetige Entwicklung mit dem Ziel, bewusst die höheren Dimensionen zu erfassen.

Dimension ist mein Stichwort, mein lieber Freund. Soweit ich weiß, bin ich, wenn ich mit dir spreche oder mit Oskar heile, über die fünfte und sechste Dimension mit euch verbunden. Intuitiv und bei der Vermittlung der heilenden Energie spüre ich, dass es sich um Energien ganz anderer Art handelt als die, mit denen ich es normalerweise zu tun habe. Du sprichst vom »Erfassen« höherer Dimensionen. Ist es das, was du meinst: Muss ich, muss jeder einzelne Mensch, um mit höheren Dimensionen zu wirken, erst lernen, sie wahrzunehmen?

Lehmann: Es ist in eurer Entwicklung vorgesehen, höhere Dimensionen wahrzunehmen und durch sie zu wirken, nur wird es noch eine Weile dauern, bis die gesamte Menschheit die fünfte und sechste Dimension auch bewusst erleben kann. Euer erster Schritt in diese Richtung wird sein, dass es eurer Wissenschaft gelingt, die fünfte und sechste Dimension mit ihren ganz eigenen Gesetzen zu verstehen und sie in Zusammenhang mit euren Dimensionen zu bringen.

Damit befassen wir uns dann also schon mit sechs Dimensionen. Das ist immerhin die Hälfte aller Dimensionen. Geht es für uns Menschen noch einen Schritt weiter?

Lehmann: Selbstverständlich geht es weiter, es geht immer weiter, denn du bist ein Geistwesen und vertrittst zehn Dimensionen, die du in all ihren Facetten erkunden darfst. Das dauert eine Weile, glaube mir. Die gegenwärtige Aufgabe deines Geistes besteht darin, in der physischen Welt mit Hilfe deiner Seele dein menschliches Bewusstsein weiterzuentwickeln und durch dein Lehren und Handeln anderen Menschen zu helfen. Und zu dieser Aufgabe gehört nun einmal, dass dein menschliches Denken nur auf eure Welt ausgerichtet ist. Deine wahre Größe kannst du momentan nicht wirklich begreifen, du kannst nur an sie glauben. Wenn aber dein Glaube zu Wissen wird, zum Beispiel bei deinen Heilungen, wenn dein Denken deine außer- und übersinnlichen Entwicklungen akzeptiert, dann wird es Prüfungen für dich geben, die den nächsten Schritt einleiten.

Da stellt sich mir natürlich die Frage: Werde ich die nächsten Schritte noch in diesem Leben gehen?

Lehmann: Das habe ich nicht individuell gemeint. In diesem Leben oder in einem der folgenden, es gibt immer einen nächsten Schritt oder sogar mehrere. Der nächste Schritt erfolgt stets kurz vor der Vollendung des vorigen. Es ist ein andauernder Prozess des bewusstseinsmäßigen Wachstums deiner Seele.

Mit dem nächsten Schritt, der dich persönlich erwartet, meine ich hier übrigens deine Entwicklung in den weiteren Reinkarnationen hinsichtlich deiner medialen Begabung. Global gesehen ist die Entfaltung des Bewusstseins bei den meisten Menschen über die fünfte und sechste Dimension hinaus in den nächsten zwei- bis dreitausend Jahren nicht zu erwarten, aber es wird wie in den vergangenen Zeiten immer Menschen geben, die ihrer Zeit voraus sind, und zu diesen könntest du gehören.

Du hast gerade gesagt, dass es für uns Prüfungen geben wird, bevor es soweit ist. Jedem Wachstumsschritt meines Bewusstseins geht also die Verarbeitung von Erfahrungen meiner Seele voraus. Sehe ich das richtig? Kannst und darfst du darüber mit mir sprechen?

Lehmann: Ich werde es versuchen, denn ich erkenne, dass du bis zu den Prüfungen noch einiges an deinem Denken und Verhalten ändern darfst. Das wird dir aber in diesem Leben nicht mehr gelingen. Es geht zum Beispiel um den totalen Verzicht auf Emotionen, was keine emotionale Verarmung mit sich bringt, im Gegenteil, denn Emotionen entstehen, wenn Gefühle getriggert werden. Es geht um bedingungslose Liebe, es geht um das Hervorheben natürlicher menschlicher Werte, um Mitgefühl, Fürsorge und Güte, und die müssen vorgelebt werden. Es geht um die elementarsten menschlichen Werte, darum, ein moralisches, ethisches Fundament zu formen. Dazu gehört, in allen Bereichen der Schöpfung zu dienen und die Schöpfung zu achten sowie die Erkenntnis, dass menschliches Verhalten nicht auf Wettbewerb beruht, sondern auf Kooperation. Und noch vieles mehr. In bestimmten Abständen wird das Verhalten derer geprüft, die glauben und danach handeln.

Du kannst solche bestandenen Prüfungen daran erkennen, dass ein Mensch in eine sehr bedrohliche Lage gerät und diese wie durch ein Wunder übersteht.

Das sind sehr hohe Ansprüche, die gelebt und vorgelebt werden müssen, ohne dabei mit Ideologien und Religionen in Konflikt zu geraten. Nicht nur für mich und mein persönliches Wachstum, sondern auch hinsichtlich des globalen Wachstums scheint mir, nach meinen Betrachtungen, die Zeit dafür noch nicht reif zu sein. Der weltweite Einfluss der Religionen und Ideologien ist dafür zu stark. Sicher, ich sehe auch, dass er in nächster Zeit rapide schwinden und einer vernünftigen Auffassung von Spiritualität weichen wird, die alle Menschen als gleichwertig sieht, ebenso übrigens wie Tiere und Pflanzen und jegliches andere Leben, das wir vielleicht noch gar nicht als Leben erkennen – wie zum Beispiel das Reich der Minerale. Aber wie soll es in der jetzigen Epoche möglich sein, auf Wettbewerb zu verzichten, wo doch alles auf Wettbewerb ausgerichtet ist? Ich sehe da für die Menschheit noch einen langen Weg.

Lehmann: Ich sagte dir doch, dass ihr an einer Schwelle steht, kurz davor, euer Bewusstsein anzuheben. Betrachte nur die rasante technologische Entwicklung, vor allem der letzten einhundertfünfzig Jahre. Nun stell dir vor, die vielen gut ausgebildeten Gehirne auf der Welt, die eine Matrix all der Erkenntnisse und Entwicklungen in sich tragen, würden, ob sie es wollen oder nicht, wie du erkennen, dass ihr Bewusstsein multidimensional ist und dass das materielle Denken im Gehirn nur ein Gehilfe der geistigen Fähigkeiten eines jeden Einzelnen ist. Wenn sich außerdem noch die Einsicht in ihnen breitmacht, vielleicht angesichts der Entwicklungen der nächsten paar Jahre, dass alles Leben vom Geist erschaffen ist, an den keine Manipulation heranreicht, und ihr Menschen erkennt, dass die Entwicklung und Erkenntnis in eurem Denken und Handeln für den Entwicklungsprozess aller Lebewesen auf der Erde eine wichtige Rolle spielt, dann kann sich schon bald alles ändern.

Vieles beginnt damit, Verantwortung für jegliche Entscheidungen zu übernehmen. Ich versichere dir, sobald ihr dazu fähig und willens seid, ist es nur noch ein kleiner Schritt, euch eurer wahren Größe bewusst zu werden. Ihr könnt diesen Weg der Bewusstwerdung durch gezielte Meditation beschleunigen, und zwar indem ihr euch dabei auf den Wunsch konzentriert, mit eurem höheren Bewusstsein in Kontakt zu treten und einen Dialog mit eurer Seele zu führen. Das würde dazu führen, dass ihr bewusst höhere Dimensionen wahrnehmt und dabei eure wahre Größe erkennt.

Wenn das geschieht, wie würdest du dann die Zukunft der Menschheit beurteilen?

Du hast recht, es ist nur ein kleiner Schritt, der in wenigen Jahren zu schaffen wäre. Ich kenne viele, die durch Meditation ihr Bewusstsein zum Guten verändert haben und Wegbereiter für andere geworden sind, wenn auch nicht so schnell, wie das heute möglich zu sein scheint. Es reicht ja oft schon der bloße Gedanke. Wir leben wahrhaftig in beschleunigten Zeiten. Gleichzeitig erkenne ich aber, wie sehr immer noch Gier, Wettbewerb und Religionen das menschliche Wirken bestimmen. Zu stark ist der Einfluss derjenigen, die auf vielfältige Weise Macht über die Massen ausüben. Sie bedienen sich eines Dominoeffekts, bei dem Dinge angestoßen werden, die zu einer Vielzahl von Veränderungen führen, welche nicht gut gemeint waren. Ich sehe jedoch, dass sie gut enden.

Es wird nicht einfach sein, die in der Meditation gefundenen Erkenntnisse umzusetzen, wenn überhaupt, denn die vielen Mächtigen in unserer Welt sind gut organisiert.

Lehmann: Unterschätze nicht die Tatkraft von euch Menschen, ihr rasches spirituelles Wachstum und die grenzenlosen Möglichkeiten, die euer Geist für euch bereithält. Aus deiner Sicht sind deine Bedenken gerechtfertigt, doch wie würdest du eure Entwicklung sehen, wenn morgen Wissenschaftler messen und beweisen könnten, aus welchen höheren Dimensionen Intuition, Instinkt und mediales Wirken kommen?

Bei unserer Wissenschaftsgläubigkeit könnte da ein Umdenken schnell entstehen. Das macht mir Hoffnung, und deshalb bitte ich dich, uns zu erklären, wie wir das globale Bewusstsein ethisch und moralisch fördern können.

Lehmann: Dafür müsst ihr in eurem Denken und Handeln noch eine ganze Menge verändern, aber diese Fähigkeit zeichnet euch als Menschen aus.

Ethik ist keine Frage des Wissens, sie drückt sich im Denken und Handeln aus. Ihr müsst eine neue Ordnung finden, die dann täglich praktiziert und angewendet werden darf. Über Ethik nur nachzudenken, bringt keinen Nutzen. Ethik setzt voraus, dass der Mensch sich eine neue Einstellung bewusst aneignet, und er muss dann auch wirklich bereit sein, entsprechend zu leben. Die sich entwickelnden inneren Werte dürfen zur Grundlage des eigenen Handelns werden.

Am Anfang solltet ihr euch klarmachen, dass Ethik unabhängig von Religion ist und dass sie sich mit allen anderen erworbenen menschlichen Verhaltensweisen arrangieren kann. Ethik entsteht aus der euch angeborenen Veranlagung zu Güte, Mitgefühl und Fürsorge.

Diese Eigenschaften bilden die Grundlage eines jeden Menschen, unabhängig von jeder Religion. Ihr wurdet und werdet ohne Religion geboren, aber nicht ohne Mitgefühl. Dadurch dürft ihr erkennen, dass die Menschheit eine einzige Familie ist, die gemeinsam an einem großen Projekt arbeitet, dem Projekt Erde, mental, emotional und physisch, und die sich bemüht, schöpferisches Bewusstsein zu vermehren und zu verbessern.

Ihr seid wohl in eurem Aussehen und Handeln verschieden, aber nicht in eurem tiefsten Inneren. Ihr werdet alle auf die gleiche Weise geboren und von Geist und Seele durch das Leben geführt und endet alle auf die gleiche Weise, wenn Geist und Seele sich zurückziehen und das Leben im Körper erlischt. Es hat wenig Sinn, in dieser kurzen Spanne eines Lebens Egoismus, Nationalismus und Gewalt zu pflegen. Viel wichtiger ist es, einander zu *dienen*. Dazu braucht es Akzeptanz, Gewissenhaftigkeit und Selbsterkenntnis. Ihr dürft lernen, euch selbst zu verstehen und eure Unterschiede zu all den anderen Menschen zu erkennen, ohne zu verurteilen. Einzig, dies zu unterscheiden, müsst ihr lernen.

Das bezieht sich nicht nur auf euer Handeln im Außen, sondern auf euer gesamtes Sein. Auf allen Ebenen – eurer Sprache, eurem körperlichen und gedanklichen Verhalten – gilt es, bewusst zu vermeiden, anderen tatsächlichen oder möglichen Schaden zuzufügen. Das sind die großen ethischen Pfeiler, die das Leben tragen und es auf eine höhere Entwicklungsstufe heben.

Ich habe neulich eine Wissenschaftssendung über unser Denken und die Funktionen unseres Gehirns gesehen. Sachlich und logisch wurde aufgearbeitet, wie wunderbar unser Gehirn arbeitet, wenn es nicht beeinflusst wird. Aber warum es emotional aus der Vernunft gerissen werden kann, durch fremde Einflüsse oder eigenes Verhalten, das konnte nicht logisch nachvollziehbar gemacht werden. Da sind wir wieder bei der

Beherrschung der Emotionen, die du als einen der wichtigsten Schritte in unserer Entwicklung ansiehst.

Kannst du uns einen gangbaren Weg zeigen, wie wir mit unseren Emotionen umgehen sollten?

Schließlich habt ihr Geistwesen mir ja auch gesagt, Emotionen wären das Feuer des Lebens. Also, wie befeuern wir unser Leben, ohne uns zu verlieren?

Lehmann: Du hast recht, Emotionen sind das Feuer des Lebens. Aber wie es mit dem Feuer so ist, kann es großen Schaden anrichten, wenn es außer Kontrolle gerät. Emotionen sollten dort, wo sie wichtig und richtig sind, beherrscht aber nicht unterdrückt werden. Dazu gehört, zunächst einmal zu erkennen, wem oder was die Emotionen dienen. Wenn du dich für etwas begeisterst, können sie dir guttun; auch wenn du etwas als widerlich empfindest, können sie dir helfen. Übertreibst du aber das Ganze mit zu viel Emotionen, egal in welche Richtung, wird es dir nicht bekommen.

Die Kunst liegt folglich in der richtigen Dosierung und im jeweiligen Maß der Zuwendung. Emotionen sind nicht schlecht, besonders nicht in den ersten Reinkarnationen. Wenn noch wenig Lebenserfahrung besteht, ist es durch sie leicht möglich, über sich selbst hinauszuwachsen und Gefahren zu überwinden. Von Leben zu Leben lernt eine Seele den Umgang mit den Emotionen, bis sie schließlich durch Beherrschung der Lebensbedingungen kaum noch eine Bedeutung haben.

Deinen Worten entnehme ich, dass eine Seele desto weniger Emotionen benötigt, je mehr Lebenserfahrung aus Inkarnationen sie mitbringt. Sie wird also gelassener. Aber wie geht das damit zusammen, dass der Mensch nicht immer liebevoll und friedfertig sein kann? Sicher, unsere Seele verkörpert in uns die Absichten unseres Höheren Selbst und somit auch bestimmte menschliche Verhaltensweisen, die wir dem Seelischen zuordnen. Doch wenn wir Begriffe wie Liebe, Friedfertigkeit oder Gemeinschaftssinn nicht leben können, geschieht in einer polaren Welt etwas Konträres: Wir bekämpfen die Gegenseite, die unserer Ansicht nach daran schuld ist. Deswegen kann ein Mensch nicht immer liebevoll und friedfertig sein. Die meisten Auseinandersetzungen mit uns und mit der Umwelt gehören also zum Leben dazu, einfach weil wir lernendes Bewusstsein sind.

Oder verstehe ich das falsch?

Lehmann: Hast du vergessen, was wir erst vor wenigen Tagen besprachen? Auch das Unheil, das Böse, bietet Erkenntnis. Du hast doch ein Buch über die zwölf Programme des menschlichen Bewusstseins geschrieben.* Du hast dich also damit auseinandergesetzt und erkannt, dass ihr durch eine harte Schule der Selbsterkenntnis geht. Sich vor den Lernaufgaben zu drücken, verlängert nur den Weg zur Erkenntnis, auch das hast

* Siehe Horst Krohne, *Die 12 Programme des Bewusstseins. Geistiges Heilen und der Sinn des Lebens*, erschienen im AMRA Verlag, Hanau 2018. Eine Leseprobe finden Sie im Anhang.

du beschrieben. Es ist in eurer Welt nun einmal so, dass alles Wissen durch Selbsterkenntnis und Selbstverwirklichung erworben werden muss. Jede neue Erkenntnis muss durch Ausprobieren in die Tat umgesetzt werden. Ihr dürft selbst prüfen, ob sie brauchbar oder unbrauchbar ist und welche Langzeitfolgen sie mit sich bringt. Dabei spielen Liebe, Friedfertigkeit und Gelassenheit eine wichtige Rolle. Wenn beim Prüfen der neuen Schritte Emotionen hineinspielen, besteht die Gefahr, dass das Projekt scheitert. Der Mensch ist dann verärgert, und Ärger macht alles noch ärger.

Willst du damit sagen, dass immer dann, wenn wir die Auseinandersetzung mit dem Erreichten scheuen, Aggressionen entstehen und dass der Umgang mit unseren Aggressionen darüber entscheidet, wie rasch unsere persönliche Entwicklung voranschreitet? Greift das auch in unsere Inkarnationen ein? Benötigen wir deshalb viele Leben, weil wir das Leidvolle in die Länge ziehen, statt die Herausforderung bewusstseinsmäßig zu verarbeiten?

Lehmann: Du sagst doch selbst, dass bei diagnostischen Erkenntnissen gilt: »Gefahr erkannt, Gefahr gebannt.« Das ist der richtige Weg. Betrachte alles Leidvolle bewusst, schaue dem Bösen in die Augen und frage: »Warum ist das so?« Damit gehst du bei allen Erkenntnissen den geraden, direkten Weg, und manchmal musst du ihn gar nicht selbst gehen. Herausfordernde Lebensumstände bringen Erkenntnisse und Bewusstsein, wenn ihr euch mit ihnen auseinandersetzt. Schwieriger wird es für euch, wenn ihr euch scheut, die Dinge zu hinterfragen, oder wenn ihr den einfacheren Weg geht und mit emotionalen Gegenargumenten antwortet.

Mehrfach habe ich dir bereits gesagt, dass eure geistige Aufgabe darin besteht, in der Materie Bewusstsein zu entwickeln, nicht mehr und nicht weniger. Das gelingt euch bereits recht gut, wenn alle Bedingungen verstanden und alle Möglichkeiten ausgeschöpft werden. Bewusstwerdung und Bewusstseinserweiterung sind kein Geschenk, sie sind ein Prozess: Ihr wachst dabei an euren Gegebenheiten und Möglichkeiten.

Ja, das ist wahr. Wenn wir vor einer Herausforderung kneifen, kommt es in der Regel noch schlimmer.

Das Gleiche gilt übrigens, wenn wir uns über etwas aufregen, denn damit setzen wir Energien in Bewegung, die gewiss nicht unserem eigentlichen Wunsch folgen. Aber deine Ausführungen werden hoffentlich dazu beitragen, dass immer mehr Menschen sich bemühen, den bewussten und friedvollen Weg der Erkenntnis zu gehen.

Nun erkläre mir aber bitte, was geschieht, wenn die Seele das Vorhaben umsetzen möchte, im Leben eines Menschen etwas Bestimmtes zu verändern. Durch welche Hinweise kündigt sich das möglicherweise an? Worauf sollten wir achten, wenn wir von innen heraus, über unsere Gefühle und Neigungen, Veränderung anstreben?

Lehmann: Die ersten Bemühungen der Seele bestehen darin, über Träume und Ahnungen ein Zeichen zu setzen. Jegliches Bemühen der Seele geht immer davon aus, das vorhandene Bewusstsein zu stimulieren, damit es aus eigenem Wunsch und Antrieb etwas bewegt. Erst wenn das nicht gelingt, greift die Seele ein, indem sie bestimmte in euch vorhandene Charaktereigenschaften, Neigungen und Bedürfnisse zum Ausdruck bringt. Entsteht danach immer noch nicht der Wunsch, dies oder jenes anzugehen, folgt Stufe drei, die Intuition: Der Mensch erlebt dann bestimmte Wahrnehmungen.

Neben solchen intensiven Wahrnehmungen können von der Seele, wenn nötig, auch Begegnungen mit Menschen, mit Büchern, Gespräche und TV-Nachrichten zu dem gewünschten Thema inszeniert werden. Manchmal werden darüber hinaus Begegnungen mit Menschen arrangiert, die die gleichen Ideen haben.

Wenn du über das soeben Gesagte nachdenkst, wirst du erkennen, dass du selbst schon mehrfach solche Begegnungen gehabt hast.

Ja, das kann ich bestätigen.

Bei manchen Ereignissen hatte ich das Gefühl, geführt zu werden, als nähme mich jemand an die Hand oder als fügte sich plötzlich etwas, und das war immer etwas Gutes, oft sogar etwas Notwendiges. Aber kann denn eine Seele, wenn das menschliche Bewusstsein nicht auf ihre Botschaften anspricht, auch Druck ausüben?

Lehmann: Abgesehen von dem, was ich gerade ausgeführt habe, sind manchmal stärkere Maßnahmen notwendig. Ihr würdet sagen, dass manche Menschen zu ihrem Glück gezwungen werden müssen. Und das kann mitunter schmerzhaft sein – eine Krankheit, eine Notsituation oder die Konfrontation mit einem Menschen, der Böses vorhat und unternimmt.

Auch das habe ich schon erlebt. Ich musste erst krank werden, um zu erkennen, was ich falsch machte oder welche meiner Eigenschaften ich besser nicht einsetzen sollte. Wenn ich auf mein Leben zurückblicke, sehe ich inzwischen dankbar, dass es doch immer mein höheres Bewusstsein und meine Seele waren, und nicht mein Denken allein, die mich in meinem Leben zu dem gemacht haben, was ich heute bin: erkennendes Bewusstsein. Danke!

Von Oskar wurde mir gesagt, dass Geist und Seele außerdem noch die Möglichkeit haben, direkt in das körperliche Geschehen einzugreifen.

Kannst du mir diesen Vorgang beschreiben?

Lehmann: Dieser Vorgang lässt sich nur energetisch verstehen. Eure Seele kennt alle Möglichkeiten, um in die verschiedenen biologischen Prozesse einzugreifen. Du kannst sie dir am besten als Schaltkreise oder Programme vorstellen. Es sind zum Teil autarke oder dem Körperbewusstsein zuzuordnende Steuerungen, bei denen die Seele über die Veränderung psychischer Eigenschaften

Probleme auslöst, was ihr dann als psychosomatisches Geschehen versteht. In einem solchen Fall werden über psychische Eigenschaften körperliche Funktionsweisen verändert. Das kann für den betroffenen Menschen unmerklich ablaufen, aber auch mit heftigsten Regulierungen und mit psychischen und physischen Anomalien einhergehen. Es können dann auch Symptome wie tiefe Traurigkeit oder Einsamkeitsgefühle auftreten, oder, in die andere Richtung, Begeisterung und Eifer bis hin zu freudiger Erregung. Die Möglichkeiten der Seele sind äußerst vielseitig, von sehr feinen Einwirkungen bei eher unerheblichen Vorgängen bis hin zu psychischen Ausnahmezuständen oder einer Erkrankung.

Oskar sagte mir auch, dass Geist und Seele sehr bewusst über psychosomatische Wechselwirkungen in das Geschehen eingreifen können, wenn sie erkennen, dass der Mensch die Fähigkeit hat, über Krankheiten lernend seine Lebenseinstellung zu verändern. Das klingt erstaunlich. Kannst du mir diesen Vorgang etwas genauer beschreiben?

Lehmann: Besitzt der Mensch genügend Selbsterkenntnis und versteht er etwas von psychosomatischen Erkrankungen, wird zum größten Teil über diese erkennende Bewusstwerdung gewirkt. Dabei nutzt die Seele parallele Frequenzmuster, die zwischen organischen und körperlichen Steuerungsprogrammen und den Frequenzen von Charaktereigenschaften bestehen. Möchte das höhere

Bewusstsein Strukturverbesserungen im Denken eines Menschen oder in seinen psychischen Eigenschaften bewirken, werden bestimmte Frequenzen der Charaktereigenschaften stimuliert, die dann bestimmte organische Steuerungen verzerren. Es werden so gezielt organische Funktionsweisen gesteigert oder geschwächt. Über die dabei auftretenden Funktionsstörungen kann der Wissende schließlich erkennen, welche seiner Eigenschaften einer notwendigen Korrektur bedürfen.

Das ist aber nicht die einzige Möglichkeit der Seele, den Menschen auf seine charakterliche Problematik hinzuweisen. Will der Betroffene etwas dann noch immer nicht wahrhaben, werden aus gestörten Funktionsweisen ernsthafte körperliche Probleme, und er leidet über einen längeren Zeitraum an körperlichen Fehlfunktionen.

Solche Korrekturen deuten immer auf Unwissenheit hin, und durch dieses Vorgehen hilft euch der Körper, euer Bewusstsein anzuheben, indem ihr aus eurer Krankheit lernt. Ihr lernt über den Körper, durch den Körper und mit dem Körper. Es wäre gut, wenn die Menschen mehr auf ihren Körper hören würden.

Ich sehe da eine Parallele zum Bioresonanzverfahren, einer Heilmethode mit dem Ziel, gestörte Biofrequenzen zu harmonisieren. Wenn ich dich richtig verstehe, sind psychosomatische Erkrankungen ein seelisches Hilfsmittel für mehr Selbsterkenntnis und Selbstbewusstsein. Das Bioresonanzverfahren hilft wohl, körperliche Schwächen zu lindern. Aber es verhilft nicht zu mehr Selbsterkenntnis, sondern, ganz im Gegenteil, verhindert sie. Könnte man das so sagen?

Lehmann: Das hast du ganz richtig erkannt: Die einzig brauchbare Methode für die Höherentwicklung des Bewusstseins ist die Selbsterkenntnis, und das geht nun einmal am besten über Selbsterfahrung und bewusste Wahrnehmung. Die daraus gewonnenen Erkenntnisse führen zur Selbstregulierung, und zwar dauerhaft.

Viele von euch gehen den einfacheren Weg über Symptomunterdrückung, aber dieser Weg dauert länger und ist ungleich mühsamer. Oft führen bei ihnen erst Schmerzen und Krankheiten zu der Erkenntnis, was sie an ihrem Verhalten ändern dürfen.

Wohl wahr, sofern die Schmerzen nicht so stark sind, dass sie kaum noch einen klaren Gedanken fassen können. Dann greifen natürlich wieder lindernde Behandlungsmethoden und zeigen ihre wahre Bedeutung: den Schmerz so weit herabzusetzen, dass überhaupt wieder Einsichten und Selbsterkenntnisse gewonnen werden können.

Zum Vorgang der seelischen Steuerung habe ich noch eine Frage: Welcher Energien bedient sich die Seele dabei, und welche Energiesysteme des Körpers arbeiten daran mit?

Lehmann: Die Seele hat verschiedene Möglichkeiten, über die fünfte und sechste Dimension in euer Bewusstsein einzugreifen. So wie ich über die fünfte Dimension zu dir spreche, also dein nervlich bedingtes Denken über deine außersinnliche Begabung erreiche, so verarbeitet deine Seele Empfehlungen aus der siebten und achten Dimension und überträgt diese über die fünfte und sechste in alle dafür vorgesehenen physischen und energetischen biologischen Systeme deines Körpers. Die Seele kann sich, falls erforderlich, der fünften oder sechsten Dimension aber auch einzeln bedienen, der sechsten dann, wenn es um rein physische Veränderungen geht. Dabei ist die fünfte Dimension für eure Schaltpläne und die Bioenergien zuständig und die sechste für euren im Körper angelegten Bauplan, der sich aus der DNA ergibt und vorwiegend die chemischen Prozesse im Körper reguliert. In vielen Fällen arbeitet eure Seele über beide Dimensionen, die fünfte und die sechste, und energetische sowie chemische Prozesse werden gemeinsam stabilisiert.

Darüber hinaus hat die Seele natürlich noch viele weitere Möglichkeiten. Wenn es zum Beispiel um emotionale Entgleisungen geht, werden, ohne die Schalt- und Baupläne zu tangieren, Veränderungen im hormonellen Bereich vorgenommen. Auch stabile, autarke Steuerungen können durch hormonelle Veränderungen leicht beeinflusst werden. Dies kann fast unmerklich ablaufen, aber genauso sehr dynamisch, bis hin zu dem Zustand, den man damit bezeichnen würde, dass ein Mensch regelrecht »von Sinnen« ist.

All diese seelisch-geistigen Einwirkungen erfolgen über die Chakren, die Tore zum höheren Bewusstsein. In den

Chakren werden die Signale aus der fünften und sechsten Dimension in eure biologischen Energien eingespeist. Doch umgekehrt erzeugen auch eure biologischen Muster in den Chakren Signale, die von der Seele erkannt und in höhere Schwingungen transformiert werden. So erreichen die körperlichen Signale über die Seele als Vermittler das geistige Bewusstsein, das Höhere Selbst. Es ist so, wie euer Volksmund sagt: »Gott sieht alles.«

So habe ich es schon immer verstanden. Die Chakren sind Übertragungsmodule zwischen Körper und Seele, zwischen Materie und Geist. Wir sagen auch, dass die Seele in den Chakren wohnt, doch deinen Erklärungen zufolge beherrscht die Seele die fünfte bis achte Dimension. Das ist mit der Auffassung, die Seele hätte ihren Sitz in den Chakren, nicht mehr vereinbar. Bitte kläre mich auf.

Lehmann: Eine Seele agiert aus der höheren Ebene, aus der siebten und der achten Dimension. Von dort aus moduliert sie alle notwendigen Informationen so, dass pulsierende, wirbelnde Energiemuster erzeugt werden. Diese besonderen Energiemuster sind dann in der Lage, gewünschte Informationen in den Chakren zu erzeugen. In den Chakren werden die Muster in jene Energien übertragen, die in euren Dimensionen vorherrschen.

Einfach ausgedrückt sind Chakren »Projektionsfelder der Seele« – mit der Besonderheit, dass eure Reaktionen auf die Projektion zurück an die Seele übermittelt werden. Euer irdisches Bewusstsein ist Empfänger und Zuschauer zugleich und wird zum Mitwirkenden. Verstehst du? So geschieht über die Chakren ein ständiges Wahrnehmen und Antworten.

Ich möchte es einmal mit meinen Worten ausdrücken: Unser Geist ist der Autor, der Geschichtenschreiber, unsere Seele ist der Regisseur oder Dirigent, und wir Menschen sind die Schauspieler, aber manchmal auch nur Komparsen. Und Gott … Er ist der Produzent.

Was sagst du zu diesem Vergleich?

Lehmann: Einfacher und eingängiger kann man es nicht beschreiben. Gestatte mir aber den Hinweis, dass in Wirklichkeit alles erheblich komplizierter und vielschichtiger ist. Die Vorstellung, dass ihr Besucher in einem Welttheater seid, und dabei gleichermaßen Zuschauer und Schauspieler, ist auch nicht falsch.

Alle Lebewesen, und damit auch der Mensch, sind meinem Verständnis nach Mitwirkende am Schöpfungsplan, wobei die Menschheit auf dem Weg ist, sich als Mitgestalter zu verstehen. Sie wird lernen, welche Rolle sie in dem Drama übernommen hat, Bewusstsein in der Materie zu organisieren und zu entwickeln. Dabei stelle ich fest, dass die gegenwärtige Entwicklung von Wissenschaft und Technik den drei Ebenen mit ihren zwölf Dimensionen ähnelt. Aus Nomaden wurden Bauern, Handwerker und Baumeister. Für mich verkörpert diese Entwicklung die unterste Ebene mit den vier Dimensionen. Hier lernen wir, den Umgang mit der Materie zu bewältigen und uns dabei zu verwirklichen.

Die Wissenschaft hat erkannt, dass jegliche Materie aus Atomen und Molekülen besteht und dass am Ende alles für uns noch unsichtbare Energie ist. Wir verstehen jetzt die unsichtbaren Energien und Elementarteilchen mit ihren Gesetzen wieder besser und beginnen sie zu nutzen. Ich sehe hier eine Parallele zur höheren Ebene der fünften bis achten Dimension, die wir nicht sehen können, genauso wie wir energetische Funktionen nicht sehen.

Der nächste Entwicklungsschritt müsste also die Ebene des Geistes mit den Dimensionen neun bis zwölf sein. Mit Blick darauf frage ich mich: Ist es unser Ziel, selbst Schöpfer von Intelligenz zu werden? Ist es das, was dort geschieht? Ist das vielleicht auch der Grund, warum wir so versessen darauf sind, Künstliche Intelligenz zu entwickeln?

Lieber Lehmann, sehe ich das so richtig?

Lehmann: Deine Gedanken gehen durchaus in die richtige Richtung. Dabei habt ihr nur das Problem, dass die Menschheit aus Individuen besteht und auch in Zukunft bestehen wird, und deren Bewusstsein ist unterschiedlich weit entwickelt – sie enthält junge und alte Seelen. Das wird sich in der Schöpfung niemals ändern, weil sich das Bewusstsein auf allen dimensionalen Ebenen ständig weiterentwickelt. Auf euren Ebenen geht es darum, dass Körper, Seele und Geist einander bedingen und zusammen den Schöpfungsplan erfüllen, in der Materie Bewusstsein heranzubilden. Deshalb braucht es zur Entfaltung des irdische Planes Handwerker und Ingenieure, die in und mit der Materie wirken, und Naturwissenschaftler, die von den Geisteswissenschaftlern ihre Ideen erhalten. Diese Mischung von jungen unerfahrenen und alten erfahrenen Seelen, die verschiedene Berufe ausüben, wird auch in Zukunft die Grundlage eurer Evolution bilden. Es handelt sich dabei um eine für eure Entwicklung unbedingt nötige Herausforderung.

Da sind wir wieder bei unseren menschlichen Problemen, bei den vielen Unterschieden und der Vielfalt von Herausforderungen, die durch differenziertes Bewusstsein entstehen. Wir haben im letzten Jahrhundert vieles entwickelt und in vielen Belangen die Natur und das Leben erforscht. Daher noch einmal meine Frage, weil das offensichtlich ein für die Menschheit nicht mehr umkehrbarer nächster Entwicklungsschritt ist: Wird uns die Entwicklung von Künstlicher Intelligenz positive Ergebnisse bringen?

Lehmann: Momentan nicht, denn das, was gerade bei euch als Künstliche Intelligenz kursiert, nützt denen, deren Bewusstsein weit genug entwickelt ist, um sinnvoll mit Künstlicher Intelligenz umzugehen. Für die, bei denen das nicht so ist, stellt sie eher eine Gefahr dar. Wer Künstliche Intelligenz verwendet, ohne sie zu verstehen, der lässt sich von ihr verführen.

Sie scheint das Leben bequemer zu machen, und Bequemlichkeit bringt euch dazu, die Entwicklung der eigenen Ethik und Moral zu vernachlässigen.

Bereits seit zwanzig Jahren wird ein nicht unbeträchtlicher Teil der Menschheit durch die Computerisierung immer bequemer. Will der Mensch heute etwas wissen, googelt er ganz selbstverständlich im Internet. Das ist zwar wunderbar einfach, doch gelangt er dadurch nur an totes Wissen, dessen Wahrhaftigkeit er nicht überprüfen kann. Echtes Wissen ist selbst erworbenes und gelebtes Wissen. Das ist auch das einzige Wissen, bei dem der Mensch beurteilen kann, ob es sich um eine bloße Behauptung handelt, die wissenschaftlich daherkommt, oder um die Wahrheit. Aus reiner Bequemlichkeit von anderen übernommenes Wissen hilft den Menschen nicht nur wenig, es stellt sogar eine Bedrohung für die gesamte Menschheit dar. Dadurch werden nur Glauben und Meinungen befördert, und wer zu viel glaubt und meint, vernachlässigt darüber das eigene Erforschen und Ausprobieren. Das ist eine negative Rückkopplung, die sich immer nachteiliger auf euer menschliches Handeln auswirkt. Die menschliche Kreativität verweichlicht durch Google und andere KI-Dienste. Bei vielen Menschen entstehen dadurch Traumata, weil ein von Künstlicher Intelligenz gesteuertes Leben eigene Erfahrungen nun einmal nicht ersetzen kann.

Zum Glück gibt es aber immer noch bewusste Seelen, und es werden sogar wieder mehr, die sich echtes Wissen aneignen, das sich nicht in bloßen Behauptungen erschöpft, die einzig den Zweck haben, andere wie an Fäden zu führen. Sie waren und sind in der Lage, durch Selbsterkenntnis die eigene Entwicklung voranzubringen, und können dies nun weitergeben.

Du siehst also eine positive Entwicklung für die Menschheit voraus, das freut mich sehr. Auch in Bezug auf unseren Umgang mit der Natur und unsere zwischenmenschlichen Beziehungen sagst du ja immer wieder, dass sich vieles verbessern wird. Wir Menschen brauchen den Geist und die Seele nur bewusst als gestaltende Kraft anzusehen.

Kannst du das ein wenig erläutern?

Lehmann: Auf dem Weg zu höherer Erkenntnis ist es wichtig, dass ihr euch eurer wahren Größe bewusst werdet. Niemals könnte euer körperliches Bewusstsein, das in der DNA durch Vererbung angelegt ist, alle biologischen Funktionen aufrechterhalten. Auch ist euer Bewusstsein nicht in der DNA zu finden, geschweige denn eure Charaktereigenschaften. Dieses höhere Bewusstsein, das alle lebensnotwendigen biologischen Prozesse steuert, ist in euch, aber nicht *von* euch. Wenn euch das bewusst wird und euch klar ist, dass nur eine übergeordnete Kraft euer Leben ermöglicht, dann werdet ihr erkennen, dass alle Lebewesen und auch der Mensch von dieser Kraft durchdrungen sind. Wenn euch dann noch klar wird, dass jeder Mensch diese wunderbare Kraft der Lebenserhaltung in sich trägt und dass die wahre Größe nicht in der Intelligenz liegt, sondern in der Erhaltung aller Körperfunktionen, dann ist der erste Schritt getan. Dann kommt es darauf an, dass ihr diese lebenserhaltenden Kräfte von Geist und Seele lieben lernt, weil sie es sind, die euch durch euren Körper alles ermöglichen. In einem weiteren Schritt könnt ihr euch bewusst werden, dass alle Menschen Geist und Seele in sich tragen. Wenn euch bewusst wird, was euch wirklich am Leben hält, werdet ihr gar nicht anders können, als euren Körper und alles Leben zu lieben. Und wenn alle Menschen ihren Körper und alle Lebewesen lieben, ist Frieden auf Erden.

Du hast einmal gesagt, dass Wissenschaft und Technik in der Zukunft lernen werden, mit neuen Messverfahren die höheren Dimensionen und damit auch die Seele zu erfassen. Wenn das Wirklichkeit werden sollte, dürfte es in Anbetracht unserer Wissenschaftsgläubigkeit recht schnell ein Umdenken und verändertes Handeln geben.

Lehmann: So schnell wird das nicht gehen, denn es dauert mindestens zwei Generationen, bis sich neue wissenschaftliche Messergebnisse allgemein herumsprechen, gelehrt und gelebt werden. Es fällt eurem Gehirn nun einmal schwer, etwas zu akzeptieren, das für euch unsichtbar bleibt. Erst wenn ihr alle Gesetze, die dahinterstehen, verstanden und mit ihnen umzugehen gelernt habt, wird der Durchbruch kommen.

Wahrscheinlich werdet ihr schon vorher flächendeckend neue Technologien einführen, mit der ihr zum Beispiel die Schwerkraft aufheben könnt. Das werdet ihr aber nur schaffen, wenn ihr lernt, die fünfte und sechste Dimension bewusst in euer Denken einzubeziehen. Ist euch dieser Durchbruch einmal gelungen, wird der Bewusstseinswandel nicht lange auf sich warten lassen.

Jetzt habe ich noch eine ganz andere Frage: Unsere Physiker glauben oder meinen, dass das Universum voller Energie ist, und es wird viel getestet und geforscht, um diese sogenannte Raumenergie anzuzapfen. Wenn das gelingt, könnte das eine sehr beruhigende Wirkung auf die Menschheit haben, denn unser Energiehunger ist groß, und wir plündern dafür die Ressourcen der Erde. Diese Ressourcen sind nicht nur ein politisches und wirtschaftliches Machtinstrument und Gegenstand vieler internationaler Auseinandersetzungen, sie stellen auch eine Belastung für das Leben dar, weil sie technische und chemische Veränderungen der natürlichen Strukturen verursachen. Ist die Existenz der Raumenergie oder Freien Energie nur ein Traum? Und wenn es sie tatsächlich gibt, wie können wir Menschen sie dann nutzen?

Lehmann: Alles hängt davon ab, ob und wie ihr durch Erforschen dazulernt. Die Freie Energie entsteht an der Schnittstelle zweier Ebenen, zwischen eurem Kosmos mit den vier Dimensionen und unserer Vermittlungsebene mit ihren Dimensionen.

Selbst eure Materie ist das Ergebnis der Berührung beider Ebenen an dieser Schnittstelle. Eure Materie entstand und entsteht immer noch durch Freie Energie. Sie hat alle eure Atome energetisiert, und zum Teil nutzt ihr diese Energie in euren Atomkraftwerken.

Eure Physiker wissen, was für eine gewaltige Energie in den Atomen der Materie vorhanden ist. Wenn es euren Physiker gelingt, die Berührungspunkte zwischen euren vier Dimensionen und den Dimensionen fünf bis acht in eine Formel zu gießen, werdet ihr in den Genuss kommen, unbegrenzt Freie Energie zu erhalten. Bis es soweit ist, müssen aber noch viele Wissenschaftler lernen, die höheren Dimensionen vollkommen zu akzeptieren und deren energetische Aspekte zu verstehen.

Darfst du uns einen Hinweis geben?

Lehmann: Nein, denn nur gelebtes Wissen ist echtes Wissen. Gelebtes Wissen bewahrt euch meistens davor, Unsinniges bis Gefährliches zu unternehmen. Euer Weg besteht eindeutig im Erforschen und darin, die richtigen Schlüsse zu ziehen. Doch bis es soweit ist, wird und muss die Menschheit ihr Verhalten zum Besseren verändern. Sie muss vergangene Fehler einsehen und dafür Wiedergutmachung leisten. Nein, so schnell werdet ihr die Freie Energie nicht erhalten. Wir Helfer auf unserer Ebene kennen die gewaltigen Kräfte, die in der Freien Energie verborgen sind. Wir kennen aber auch euer globales menschliches Bewusstsein, das, wenn ihm unbegrenzte Energie zur Verfügung stünde, damit unbegrenzten Unsinn anstellen würde. Wir sind deshalb so etwas wie die Wächter der freien Energiegewinnung.

Ihr habt längst noch nicht alle Möglichkeiten der physischen Energiegewinnung ausgeschöpft, und du siehst ja selbst, was ihr mit irdischer gebündelter Energie alles anstellt. Ihr entwickelt Waffen, vom Sprengstoff bis zur Atombombe, und benutzt sie auch.

4

Weitere erhellende **Antworten**

Wenn ich dir Fragen stelle, laufen viele deiner Antworten darauf hinaus, dass wir noch viel lernen müssen. Deinen Antworten entnehme ich, dass die Palette unserer Unwissenheit sehr groß ist. Deshalb beginne ich mit einem mir als Heiler besonders wichtig erscheinenden Thema. Erkläre mir doch bitte den Informationsaustausch in den Chakren etwas genauer. Die Chakren sind ja unsere Tore zu den verschiedenen Dimensionen. Wie kann ich mir technisch, physikalisch den Austausch zwischen deiner und unserer Ebene vorstellen, zwischen unserem Raum-Zeit-Kontinuum und eurer fünften und sechsten Dimension?

Lehmann: Vor längerer Zeit sprachen wir schon einmal über den Austausch, der zwischen zwei so unterschiedlichen Ebenen wie den unseren stattfindet. Das, was hier übertragen wird, nannte ich die Urenergie und die Urmaterie. Beide sind mit ihren Gesetzen von Gott in der elften und zwölften Dimension erschaffen worden, als Strukturen, die nach euren Begriffen unendlich sind – unendlich groß, unendlich in der Zeit, also ewig.

In Bezug auf eure Wahrnehmung erfolgen bei uns alle Abläufe unendlich schnell, was für euch schwer zu begreifen ist. Unsere Urenergie pulsiert, vibriert unendlich schnell. Da ihr dies mit euren Sinnen nicht wahrnehmen könnt, habt ihr keine geeigneten Worte, um diese oszillierende Kraft zu beschreiben.

Ihr kennt eure Energien nur als Welle oder Strudel, zum Beispiel als Funkwellen, Wasserwellen oder den Spin der wirbelnden Elektronen im Atom, jedenfalls im Kleinen betrachtet, und im Großen habt ihr die Planetenbahnen um die Sonne, bis hin zu Spiralnebeln und anderen Galaxien. Die Bewegungen in eurer Dimension mit ihren zeitlichen Abläufen, die verglichen mit unseren über alle Maßen träge erscheinen, verhindern einen Austausch mit unseren unendlich schnellen Abläufen.

Deshalb wurde in der siebten und achten Dimension eine Art von Bewusstsein erschaffen, das es erlaubt, zwischen beiden Ebenen Entwicklungen und Informationen auszutauschen.

Dieses Bewusstsein findet sich in allen Seelen, und so können alle Seelen den Austausch von Energie und Information verwirklichen. Dazu gehört auch die seelisch-geistige Übertragung in den Chakren, welche die Einfallstore für höhere Dimensionen sind.

Bedeutet das, dass du erst die Freigabe aus der siebten und achten Dimension benötigst, bevor wir uns miteinander austauschen oder Heilenergie fließt?

Lehmann: Ich sagte dir schon, dass es nur so möglich ist. Aus den höchsten Ebenen der Schöpfung überträgt man uns Ideen, die dann in die Planung der gesamten Schöpfung eingeflochten werden. Gemäß dieser Vorgaben können und dürfen wir dann, über die fünfte und sechste Dimension, in euren Kosmos eindringen. Dies geht wiederum nur, wenn die individuelle oder kollektive Seelenkraft, die für eure Welt bereitsteht, ihr Einverständnis aus dem Geist erhält und gibt.

Das kann ich nachvollziehen. Was ich mir nur schwer vorstellen kann, ist dagegen, wie es möglich ist, dass wir beide aus so unterschiedlichen Dimensionen wechselseitig Informationen übermitteln können – besonders, wenn man berücksichtigt, wie begrenzt unser menschliches Bewusstsein ist, dem es ja sogar schwerfällt, unsere energetischen Gesetze bewusst zu verstehen, und erst recht die unsichtbaren Informationen, die du bei unserem Gespräch übermittelst.

Lehmann: Du vergisst dabei das geistige Bewusstsein deines Höheren Selbst. Und hinter diesem steht ja dann die Gemeinschaft aller Höheren Selbste, die jederzeit die Gesetze der einzelnen Ebenen und Regionen so gestalten, dass Bewusstsein übertragen werden kann.

Es ist immer das höhere Bewusstsein, das jegliche Kommunikation, jeglichen Informationsfluss zulässt. Das wird für dich immer unbewusst und unerklärbar bleiben, weil du diese Übertragungsenergie nur mit deinem Gefühl erlebst. Erst wenn dir bewusst ist, dass es die höheren Dimensionen gibt, du sie in ihren Strukturen zu begreifen gelernt hast und sie dann sogar selbst anzuwenden weißt, wird dir der Vorgang völlig verständlich werden.

Auch das kann ich nachvollziehen. Nur spüre ich bei unseren Kontakten und auch beim Heilen Energie. Also spielen Energien eine Rolle, aber was für Energien sind das?

Lehmann: An anderer Stelle sagte ich dir, dass von den euch bekannten Energien der Magnetismus in der Lage ist, Informationen aus der fünften und sechsten Dimension aufzunehmen. Er kann diese Informationen auf eurer Ebene auch wieder abgeben, und diesen Vorgang spürst du. Aber es ist nicht der Magnetismus allein, für die Kommunikation sind noch andere Lebensenergien zuständig. Es sind Energien, die ihr noch nicht kennt, deren Existenz ihr aber vermutet.

Diese Energien ermöglichen eine Übertragung zwischen den Ebenen. Darunter kannst du auch Energiemuster verstehen, die ihr dem Über- und Außersinnlichen sowie der Hypnose zuordnet. Bei allen Berührungen und Übertragungen zwischen den verschiedenen Ebenen sind immer Geist und Seele verantwortlich, im Einzelnen wie auch im Kollektiven, niemals jedoch euer Intellekt. Er ist lediglich Beobachter.

Somit kann ich mir diesen Vorgang physikalisch wie mechanisch nicht vorstellen, weil ich nicht in der Lage bin, den Übertragungsweg zu beschreiben.

Es ist also alles unendlich anders. Werden wir eines Tages verstehen lernen, wie Geist und Seele zwischen den Ebenen und Dimensionen wirken?

Lehmann: Es ist vom Geist durchaus gewünscht, dass euer menschliches Bewusstsein den gesamten Prozess zwischen den drei Ebenen verstehen und auch anwenden lernt. Im Ansatz sind bei vielen Menschen diese Voraussetzungen schon entwickelt. Nur der Umstand, dass die Mehrheit der Menschen noch konservativ-materialistisch denkt, verhindert bisher, dass die medialen Fähigkeiten derjenigen unter euch gründlich erforscht werden, die bereits einen bewussten Weg in höhere Dimensionen gefunden haben.

Das menschliche Gehirn ist also durchaus in der Lage, über unsere physischen Grenzen hinaus Informationen mit höheren Dimensionen auszutauschen.

Um diesen Vorgang zu verstehen, müssen wir über die auf unseren Kosmos bezogene Physik hinausgehen. Das geht aber nur, wenn wir eine höhere Physik, also eine Metaphysik, erschaffen. Warum ist das so schwer?

Lehmann: Der konservative Impuls im Menschen rät euch, immer beim Vertrauten zu bleiben, bei dem, was allgemein für wahr und wirklich gehalten wird. Hinzu kommt noch, dass eure Wissenschaftler es sich zur Regel gemacht haben, neue Erkenntnisse grundsätzlich infrage zu stellen, und das, obwohl der einzige Weg, neues Bewusstsein zu erschaffen, darin besteht, durch Experimentieren und Beobachten zu lernen.

Die größte Barriere, die dabei überwunden werden muss, ist die Zeit mit all ihren Facetten. Bei den meisten Menschen ist das Gehirn noch nicht reif genug, Begriffe wie Unendlichkeit und Ewigkeit zu akzeptieren und zu verstehen. »Unendlich groß« und »unendlich weit« können nur symbolisch verstanden werden, ebenso wie die Ewigkeit. Dass alles schon ewig vorhanden war und ewig sein wird, stellt für euer Gehirn eine unüberwindliche Mauer dar, denn es ist ganz auf eure Welt ausgerichtet, in der alles einen Anfang und ein Ende hat. Euer Denken ist in der Zeit gefangen, und nur denjenigen von euch, die es schaffen, dieser Begrenzung zu entfliehen, wird der Aufstieg in höheres Verstehen gelingen.

Bei meinem Streben, Ewigkeit, Zeitlosigkeit und alles, was mit Unendlichkeit zu tun hat, zu akzeptieren, war unser an zeitliche Abläufe gebundenes Denken für mich tatsächlich die schwierigste Hürde. Davon, dass Zeit nichts Festes ist und zeitliche Abläufe unter bestimmten Voraussetzungen manipulierbar sind, überzeugten mich erst die Verände-

rungen, die durch das Geistige Heilen bei meinen Patienten spontan eintraten – Veränderungen, die sich mit herkömmlichem Wissen nicht erklären ließen.

Dazu eine Frage: Nach deinen Aussagen ist die Zeit eine Dimension. Wenn nun beim Geistigen Heilen spontane Regulierungen entstehen und die Zeit vorübergehend instabil ist oder nicht existiert, verschwindet dann die vierte Dimension? Und wird dadurch in den unteren Dimensionen alles instabil? Wie kann ich das gedanklich einordnen?

Lehmann: Für alle Möglichkeiten in den miteinander verwobenen und sich untereinander bedingenden Dimensionen sind Gesetze erschaffen worden, die eine Übertragungsbrücke zwischen den Dimensionen zulassen. Verantwortlich dafür sind die geistigen Kräfte, die die gesamte Schöpfung aufrechterhalten.

Du fragtest einmal, was geschieht, wenn ein begabter Heiler, ein Geistchirurg, mit bloßen Händen in einen menschlichen Körper hineingreift und schmerzfrei Gewebe verändert. Ich erklärte dir, dass durch die Mithilfe eines Geistwesens gewissermaßen die fünfte und sechste Dimension um die Hand des Heilers gelegt wird. Die dafür geschaffenen Gesetze besagen, dass höhere Dimensionen die Gesetzmäßigkeiten niederer Dimensionen durchdringen und auflösen können. Wenn gewollt, können auf diese Weise in den unteren Dimensionen sogar neue Bedingungen erschaffen werden. Auch einzelne Dimensionen, zum Beispiel die Zeit, lassen sich so kraft des

Geistes verändern. Geht es nur um die Zeit, dann wird in euren Grundstrukturen lediglich eine Dimension manipuliert. Wird Geistchirurgie eingesetzt, werden gleich vier Dimensionen in ihren Strukturen verändert.

Wie du sagst, legt sich ein Feld aus der fünften und sechsten Dimension um die Hand eines Heilers, der die Fähigkeit erworben hat, mit bloßen Händen in einen menschlichen Körper hineinzugreifen. Weil nun durch dieses multidimensionale Feld um die Hand herum die Barriere zwischen unseren beiden Ebenen aufgehoben ist, können alle geistigen Vorgaben direkt in den menschlichen Körper des Klienten einfließen. Deshalb nennen wir diesen Vorgang Geistheilung beziehungsweise Geistchirurgie.

Sind denn Astralreisen, Seelenreisen, Zeitreisen auch auf diese Weise zu verstehen?

Lehmann: Nur teilweise, denn Astral- oder Seelenreisen sind Wahrnehmungen des Bewusstseins, genauer gesagt, Bewusstseinswahrnehmungen über mehrere Ebenen, ohne dass dabei auf eurer Ebene Zeit und Materie verändert werden. Astral- und Seelenreisende benutzen mit dem Bewusstsein eine euch unbekannte Energieform. Ihre Wahrnehmungen beruhen auf energetischen Feldern, die ihr noch nicht messen und einordnen könnt. Sie gehören zu den zahlreichen positiven Energien, die in der Ebene der fünften bis achten Dimension auf euch einwirken. Ich kann dazu nur so viel sagen: Diese energetischen Informationen sind viel schneller als das Licht, sie sind unendlich schnell. Zeit und Raum sind dadurch kein Hindernis mehr. Wer das Astralreisen beherrscht, kann sich mit seiner Wahrnehmung ohne Zeitverzögerung an jeden Ort und in jede Dimension begeben.

Dann habe ich noch eine andere Frage: Einige Forscher glauben, dass es Parallelwelten gibt oder dass die verschiedenen Inkarnationen alle gleichzeitig ablaufen, also parallel zur gegenwärtigen Inkarnation. Kannst du dazu etwas sagen?

Lehmann: Das Konzept der Parallelwelten ist ein Versuch, das »Ewige Jetzt« zu beschreiben. Ich nehme, aus meiner Perspektive, alle deine verschiedenen Leben, auch die noch kommenden, gleichzeitig wahr. Aus eurer Perspektive kann man das als eine unendliche Anzahl von Parallelwelten verstehen. Weil eure Wahrnehmung, euer Denken, mit einem zeitgebundenen Gehirn arbeitet und mit dem »Ewigen Jetzt« nicht klarkommt, sucht ihr nach Erklärungen, und das Konzept der Parallelwelten bietet euch die perfekte Möglichkeit. Du hast doch bei deinen Astralreisen, Zeitreisen, selbst die Erfahrung gemacht, von einem Leben zum anderen wechseln zu können, was dir den deutlichen Eindruck vermittelte, dass alle diese Leben parallel zur selben Zeit stattfinden.

Wenn ich deine Antworten summiere und einen Schluss daraus ziehe, werden wir Menschen die jenseitigen, die höheren

Dimensionen, erst dann verstehen, wenn unser Gehirn in seiner Evolution Wege gefunden hat, Begriffe wie Ewigkeit und Unendlichkeit und das Ewige Jetzt zu erfassen. Deshalb glaube ich, dass die Menschen, die die Schranke zu den höheren Dimensionen durchbrochen haben, unbedingt euch Geistwesen als Führer benötigen.

Alles, was ich als Medium erlebte, und es waren viele Wunder dabei, konnte ich erst durch die Erklärungen von euch Geistführern halbwegs einordnen, wenn auch deshalb noch lange nicht logisch oder vernünftig verarbeiten. Diese Vorgänge sind für unser menschliches Denken und Wahrnehmen viel zu fremd. Das gilt besonders dann, wenn sich beim Geistigen Heilen physikalische Strukturen in einer Weise verändern, die gegen sämtliche Gesetze der Physik zu verstoßen scheint, und Spontanheilung stattfindet.

Lehmann: Du haderst mit dir selbst, obwohl du akzeptierst, dass die Evolution des Lebens, und zwar nicht ohne Grund, nur langsam voranschreitet. Du wünschst dir, dass alles viel schneller geht, doch besser ist es, wenn du deine erworbenen Erkenntnisse in Ruhe einübst und dann an andere weitergibst. Noch bremsen dich eure gegenwärtige Weltsicht und deine eigenen Auffassungen über die Zeit regelrecht aus. Doch deine Erfahrungen auf dem Gebiet der Medialität und natürlich auch die der vielen anderen Menschen, die diesen Weg gehen, werden von Generation zu Generation das menschliche Bewusstsein verändern, so dass sich allmählich ein fruchtbarer

Dialog mit unseren Dimensionen, der vierten bis achten, entwickeln wird. Und das wird nicht das Ende eurer Entwicklung sein, denn schon jetzt haben erste Sensitive es geschafft, einen bewussten Sprechkontakt zum Höheren Selbst herzustellen. Eingeweihte haben diese Entwicklung vorhergesehen und sie euch nahegelegt, indem sie sagten, das Ziel ist, sich mit Gott zu vereinigen.

Dass ihr euer Höheres Selbst aus den irdischen Bereichen heraus bewusst versteht, ist es, was die Schöpfung für euch anstrebt. Ihr seid Mitgestalter der Schöpfung und vertretet zehn von zwölf Dimensionen.

Nur weil ihr euch bereit erklärt habt, an der Entwicklung von Bewusstsein in der Materie mitzuwirken, ist eure ganze Kraft und Aufmerksamkeit in den unteren vier Dimensionen gebunden. Ihr als Geistwesen seid also durch das materielle Bewusstsein und die hier herrschende Zeit gebunden, und zwar so lange, bis ihr eure Aufgabe erfüllt habt. Ich verstehe die Unruhe, die dich antreibt, so schnell wie möglich nach Hause zu kommen, um in der neunten und zehnten Dimension als Geistwesen zu verweilen. Doch es gibt so leicht kein Entrinnen aus eurer Aufgabe. Alle Seelen und alle Geistwesen müssen sich ihrer jeweiligen Aufgabe stellen.

Dein Höheres Selbst, deine Seele und wir Helfer aus der Zwischenebene fünf bis acht fördern schon lange das irdische Bewusstsein. Auch du lebst das bisher Erlernte und verwirklichst deine in vergangenen Epochen erworbenen Fähigkeiten. Du nutzt sie mit deinem auf die Zeit ausgerichteten menschlichen Bewusstsein und fokussierst damit dein Denken und Handeln. Habe Vertrauen in deine Aufgaben, sie sind dein Schicksal, das in fast allen Bereichen nicht fremdbestimmt, sondern frei ist, solange du gegen keine universalen Gesetze verstößt. Auf einer dir als Mensch nicht bewussten Ebene bist du mit deinen Aufgaben in diesen gewaltigen Gemeinschaftsprozess aller Geistwesen eingebunden. Weil du die Großartigkeit und auch die Schwere erkannt hast, bist du, wie ich es sehe, mit deinem Schicksal einverstanden.

Danke, lieber Lehmann, aber ich bin es eigentlich erst durch deine Hilfe, weil du mich darüber aufgeklärt hast, worin für mich der Sinn des Lebens besteht.

Lehmann: Das stimmt nicht ganz, denn wir hatten vor fünfzig Jahren unseren ersten Kontakt. Schon damals suchtest du einige Jahre nach dem Sinn deines Lebens, ohne dass dich jemand dazu animieren musste.

Das ist wohl wahr, doch erst durch eure Durchsagen habe ich den tieferen Sinn des Lebens erkannt und versuche seitdem, mein Denken und Handeln daran anzupassen. Euer Wirken führte mich unablässig tiefer in die Erkenntnis, und vielleicht kannst du mir auch Aufschluss bei der nächsten Frage geben, die mich seit einiger Zeit beschäftigt.

Erstaunlich häufig sagen mir Menschen, dass sie die Stimmen von Verstorbenen hören. Manchmal sagen sie sogar, sie hätten den Eindruck, der Verstorbene sei physisch um sie herum anwesend. Ist das wirklich so? Oder wie soll man dieses Phänomen verstehen?

Lehmann: Wir haben ja bereits darüber gesprochen, dass Informationsaustausch zwischen den Ebenen sehr wohl möglich ist. Deshalb ist es grundsätzlich auch möglich, dass eine Seele, die durch den Tod ihren Körper verloren hat, den Versuch unternimmt, mit Personen Verbindung aufzunehmen, die im früheren Leben für sie von Bedeutung waren. Es gibt Seelen, die an bestimmten Orten intensive Erfahrungen machten und deshalb noch den Wunsch in sich tragen, dort weiterhin etwas zu bewirken. Das sind meistens Seelen, die einen plötzlichen physischen Tod erlitten oder Probleme mit dem Übergang hatten, beziehungsweise sich nur schwer von ihrem physischen Bewusstsein lösen konnten.

Menschen, die solche Erlebnisse mit Verstorbenen haben, sind grundsätzlich sehr sensitiv und erwarten einfach, dass Verstorbene sich melden werden. Es gibt aber auch Menschen mit ausgeprägter Fantasie, die selbst Visionen kreieren und sich nur einbilden, es würde sich um tatsächliche Kontakte zu Verstorbenen handeln. Erst wenn ein Mensch sich zum Medium entwickelt und gelernt hat, mit geistigen Helfern oder Engeln zu sprechen, kann er sich wirklich bewusst mit den Seelen Verstorbener verständigen. Auch diese Form des Informationsaustauschs zwischen unterschiedlichen Seinszuständen ist eine erwünschte Entwicklung und wird für spätere Generationen zu etwas völlig Normalem werden.

Es geht immer wieder um die Bewusstseinserweiterung der menschlichen Spezies als Ganzes, deren Ausmaß wir aus dem Blickwinkel unseres einzelnen Lebens nur schwer erkennen können. Deshalb sind wir auch meistens sehr ungeduldig mit unserer allgemeinen Entwicklung. Kannst du mir dazu ein paar tröstende Worte sagen?

Lehmann: Bewusstsein zu entwickeln und abrufbereit zu speichern, und das auch noch in der eher trägen Materie, ist ein zäher Prozess. Weil ihr bei dieser Aufgabe hauptsächlich auf euer Gehirn angewiesen seid, dessen Weiterentwicklung nur in kleinen Schritten über Generationen möglich ist, dauert eine etwa zehnprozentige Bewusstseinserweiterung oder Kapazitätssteigerung des kreativen Bewusstseins viele Menschenalter. Der Hauptgrund dafür ist die Struktur der Gene, das System der DNA. Hat ein Mensch sich im Denken und Handeln nachweislich verbessert, mehr Vernunft oder Kreativität, mehr liebevolles Verhalten und Gelassenheit entwickelt, dann hat er doch nur sein Bewusstsein angehoben. Würde es ihm gelingen, diese Anhebung vom gelebten Bewusstsein bis zur Registrierung in seinen Genen voranzutreiben, bliebe es immer noch nur sein eigenes Bewusstsein. Wirkliche Anhebung von Bewusstsein beruht auf gelebtem Wissen, will ausprobiert und angewandt sein. Der Wunsch eines

Menschen, dies an künftige Generationen weiterzugeben, also zu vererben, entsteht meistens erst dann, wenn die Gene altersbedingt nicht mehr weitergegeben werden können. Die Seele kann ihre Errungenschaften erst in einem weiteren Leben als Talente, als mitgebrachtes Wissen einbringen und als junger zeugungsfähiger Mensch vererben, also erst viele Jahrzehnte oder Jahrhunderte später. Weil ein Mensch meistens erst in einem späteren Leben seine Erkenntnisse genetisch weitergeben kann, dauert die Verbreitung des Wissens zwangsläufig länger.

Jetzt verstehe ich die langsame Entwicklung unseres Bewusstseins. Besteht denn überhaupt die Möglichkeit, diesen Prozess zu beschleunigen?

Lehmann: Die Möglichkeit besteht, und ihr nutzt sie auch, soweit es in eurer Macht steht: Es sind eure Lehranstalten, eure Universitäten und Hochschulen. Hat ein Mensch Talente, also in früheren Leben erworbenes Wissen, kann er sie in jungen Jahren als Lehrer weitergeben. Erkennen die Schüler den Wert dieses Wissens, indem sie es ausprobieren und so von der Theorie zur Praxis gelangen, besteht die Möglichkeit, noch im zeugungsfähigen Alter die erworbenen Erkenntnisse über die Gene weiterzugeben. Auf diese Weise, durch Schulbildung, habt ihr in den letzten Jahrhunderten eine deutliche Beschleunigung der Bewusstseinserweiterung erreicht, und das auf fast allen Wissensgebieten.

Du hast gerade gesagt, auf fast allen Wissensgebieten, was ja deutlich anklingen lässt, dass wir auf bestimmten Gebieten hinterherhinken. Kannst du mir einen Überblick geben, wo noch Nachholbedarf besteht?

Lehmann: Der wissenschaftlich programmierte Mensch, als Forscher oder Konstrukteur wie auch als Nutzer der technischen Errungenschaften, geht mit all der Technologie viel zu oberflächlich um. Er belastet dadurch das Leben auf der Erde durch viele Abfallprodukte und Umweltgifte. So ist durch das technische Zeitalter ein sehr großer Bedarf an Wiedergutmachung entstanden, und die gegenwärtigen Kommunikationstechnologien verschärfen das noch zusätzlich. Das sind eindeutig Defizite im menschlichen Verhalten. Freude und Stolz über das technisch Machbare herrschen bei allen vor, während auf die möglichen Folgen nur wenige Gedanken verschwendet werden. Der Atommüll oder die sich über die Welt ergießende Flut an Kunststoffen jeglicher Art sind Beispiele dafür. Das Nutzen-Schaden-Prinzip wird außer Acht gelassen, Hauptsache, für den Hersteller stimmt der Gewinn, und der Nutzer freut sich, dass alles so schön bequem und einfach ist. In diesen Bereich habt ihr Menschen einen großen Nachholbedarf.

Ja, was die Heilung der Erde angeht, liegt noch ein langer Weg vor uns. Gibt es für uns Menschen eine Möglichkeit, diesen Problemkreis schneller und gründlicher zu bewältigen?

Lehmann: Den gibt es, und wir aus der Ebene der Weltenseele, wie du sie nennst, schicken euch Inspirationen und Visionen, um euer Bewusstsein anzuheben. Der einzige Weg, aus der Gier und der skrupellosen Verwirklichung alles technisch Machbaren herauszukommen, führt über das Ergründen des eigenen Bewusstseins. Erforscht, was der Sinn des Lebens ist. Erst wenn die Menschheit sich von den Dogmen der Religionen und Ideologien befreit, eine neue Moral und Ethik entwickelt und die wahre Herkunft des Bewusstseins erkennt, könnt ihr die Altlasten der Vergangenheit überwinden. Wenn der Mensch den Sinn des Lebens und seine Existenz aus einer anderen, höheren Warte betrachtet, echte Verantwortung für sein Leben übernimmt und auch bereit ist, einen positiven Einfluss auf andere Menschen auszuüben, kann und wird sich die Veränderung zeigen.

Das habe ich schon vermutet und versuche, diese Einsichten anderen zu vermitteln, durch Wort und Tat. Könntest du uns mit deinen großartigen Erklärungen behilflich sein und uns den Weg ins Licht der Erkenntnis beschreiben?

Lehmann: Die Menschen müssen sich bewusst werden, wer oder was sie sind. Es geht immer wieder um die gleichen existenziellen Fragen: Wo komme ich her? Wer gab mir mein Bewusstsein? Woher habe ich meine unbewussten Fähigkeiten, die meinen Körper, dieses Wunderwerk der Schöpfung, erhalten?

Außerdem: Was soll ich glauben? Auf was soll ich setzen? Was gibt mir Vertrauen? Wichtig dabei ist, eine eigene Lebenseinstellung, eine Ethik zu finden, die auf Selbsterkenntnis beruht, und dann auch wirklich danach zu leben – nach einer Ethik jenseits religiöser Dogmen und Glaubenssysteme. Es geht um eine ethische Einstellung zum Leben, die auf Werten beruht und die Verbundenheit unter den Menschen stärkt. Es geht darum, die Erkenntnis zu gewinnen, dass es Werte gibt, die allen Menschen gemeinsam sind – Werte, die ihr alle leben könnt, unabhängig von Religion, Alter, Herkunft, Bildung und ethnischer Zugehörigkeit. Es geht darum, Vertrauen in jene Werte aufzubauen, die bei euch allen Teil des Bewusstseins sind, die euch allen mitgegeben wurden – Werte wie Güte, Versöhnlichkeit, Mitgefühl, Fürsorge, Aufrichtigkeit, Respekt, Toleranz, Achtsamkeit, Verständnis und vieles mehr. Ihr müsst sie nur leben.

Für euch ist die Zeit gekommen, euch auf das zu konzentrieren, was euch verbindet. Unterschiede sollten als Einzigartigkeit verstanden und wertgeschätzt werden. Betrachtet andere Menschen auf ganzheitliche Weise, begegnet einander mit Aufgeschlossenheit und bedenkt immer die langfristigen Folgen eures Handelns.

Das ist eine gewaltige Aufgabe für jeden Einzelnen, auch wenn du sagst, die Zeit wäre reif dafür. Es ist für mich kaum vorstellbar, dass die Menschheit schon bald eine kollektive Vernunft, Moral und Ethik entwickelt.

Lehmann: Es geht, wenn ihr euch auf das konzentriert, was euch miteinander verbindet. Schau doch zurück, wie die Menschen in den letzten Jahren, Jahrzehnten und Jahrhunderten lebten. Die Menschheit war auf Differenzierung ausgerichtet, konzentrierte sich auf die Unterschiede. Immer stand das Trennende im Vordergrund, im Kleinen wie im Großen. Wettbewerb, Erniedrigung, Unfrieden und Kriege waren die Folge.

In der Schule bis hin zu Wirtschaft und Politik war alles, was ihr in der Rückschau beobachtet, von Be- und Verurteilung geprägt, von Schwarz-Weiß-Auseinandersetzungen. Darüber habt ihr vergessen, dass ihr eigentlich mitfühlende Wesen seid. Ihr setzt immer noch Ideologie vor Herzensbildung, sucht den Frieden, setzt aber nicht auf Friedfertigkeit. Der Umschwung wird nur gelingen, wenn ihr euch auf das ausrichtet, was euch verbindet, und erkennt, dass ihr mitfühlende Wesen seid.

Der erste Schritt sollte darin bestehen, den eigenen inneren Frieden herzustellen, sich selbst und alle Lebewesen als etwas Großartiges zu erkennen und mit den anderen Menschen das Gemeinsame anstreben.

Da sehe ich aber noch große Probleme auf dem Weg zur allgemeinen Friedfertigkeit. Zu groß sind die Differenzen, zu stark ist die Betonung des Trennenden.

Lehmann: Aus deinem Blickwinkel siehst du es richtig, aber wenn ich von einer Wende spreche, dann geht das nicht von heute auf morgen, es dauert viele Generationen, das können durchaus mehrere Jahrhunderte sein. Überwinde deine Ungeduld und gehe in die Zuversicht, so wie du es auch bei deinem Geistigen Heilen hältst. Tue immer erst das Notwendige, dann das Mögliche, und wenn du nicht weiterkommst, nimm Verbindung zu uns geistigen Wesen auf.

Mit unserer Hilfe kann manchmal auch etwas Unmögliches möglich gemacht werden.

Lebe es vor, denn du gehörst zu den Menschen, die durch ihr Beispiel den Weg bereiten und die geistigen Verbindungen aufzeigen.

Die **zwölf Dimensionen** aus Sicht eines **medialen Heilers**

Im Folgenden möchte ich nun als medialer Heiler die zwölf Dimensionen so beschreiben, wie ich sie verstehe. Auch wenn ich das große Glück habe, mit Geistführern kommunizieren zu dürfen, mit Oskar und Lehmann, sind es doch stets meine Worte, mit denen ich das Empfangene wiedergebe. Ich möchte noch einmal betonen, dass der Dialog, den ich hier niedergelegt habe, keine einfache, alltägliche Unterhaltung ist. Im meditativen Zustand stelle ich eine Frage und empfange sofort oder irgendwann später eine Antwort. Meistens erhalte ich sie in einer weiteren Meditation, oft in Form klarer Worte, manchmal aber auch als eine Art Eingebung, die ich häufig nur durch Nachfragen wirklich verstehe. Aus meiner Sicht liegt viel Wahres in den Aussagen meiner beiden Geistführer.

Die Betrachtung der zwölf Dimensionen aus der Sicht eines Heilers halte ich aus verschiedenen Gründen für äußerst ratsam. Zum einen erweitert es die Perspektive auf die eigene Arbeit. Es gibt für Heiler zwar bisher kaum technische oder physikalische Methoden, die ihr Wirken nachprüfbar machen, aber man kann den direkten Informationsstrom bei der Heilung sprechen lassen und die gewonnenen Daten mit denen anderer Heiler abgleichen. Außerdem sind Heiler es gewohnt, über das erdgebundene Denken hinauszugehen und weitere Dimensionen zu akzeptieren – weil sie sie wahrnehmen können. Die große Herausforderung bestand jedoch bisher darin, dies zu vermitteln. In den meisten Fällen blieb den Menschen nichts anderes übrig, als dem Klienten seine Erfahrung zu glauben.

Mehr als nur Glauben sind dagegen die Berechnungen des Physikers Burkhard Heim (1925-2001). Er begründete mathematisch, dass das Universum zwölf Dimensionen haben muss. Das Erstaunliche an seinen diesbezüglichen Veröffentlichungen war, dass sie nicht negativ aufgenommen oder lächerlich gemacht wurden. Wahrscheinlich geschah das nicht, weil die Menschen ahnen, dass es noch etwas Höheres geben muss. Immerhin spricht man schon seit Jahrtausenden in allen Kulturen vom Jenseitigen oder vom Himmel.

Wenn ich nun also schildere, was mediale Heiler über die zwölf Dimensionen denken, dann weil beim Geistigen Heilen Dinge geschehen, die sich mit unseren bekannten Gesetzen nicht erklären lassen. Vieles erfahren Heiler dabei von ihren Geistführern, mit denen sie erhellende Dialoge führen. Ich möchte daran erinnern, dass diese Dialoge, wie Heiler sie beschreiben, fast nie eine einfache innere Unterhaltung sind. Diejenigen von uns, die derartige Durchsagen und Eingebungen empfangen, geben sie im Rahmen der Qualität ihres eigenen Bewusstseins wieder, mit dem ihnen jeweils zur Verfügung stehenden Wortschatz.

Zahlreiche Heiler, die in der von mir gegründeten *Schule der Geistheilung nach Horst Krohne®* ausgebildet wurden, arbeiten erfolgreich mit Geistführern zusammen, nach dem Modell der drei Ebenen, aufgeteilt in Körper, Seele, Geist. Anhand dieses Modells können die Heiler ihre Heilvorgänge erklären und verstehen, besonders jene Vorgänge, die sich biologisch nicht erklären lassen. Sie sind dann kein Wunder mehr, sondern ein durch bewusste Erfahrung über die drei Ebenen begründbarer Vorgang. Wir teilen die Welt bisher ja auch in drei Dimensionen auf, das entspricht unserer Erfahrung, und um diese Erfahrung weiterzugeben, bedienen wir uns der Begriffe Vergangenheit und Zukunft – zeitlicher Einordnungen, welche die Abfolge von Jahrhunderten bis zur Millisekunde beschreiben. Wenn ich aber über die zwölf Dimensionen spreche, müssen wir die Zeit ganz anders fassen. Es gibt sie nämlich nur im Zusammenhang mit unseren drei Dimensionen, dem Raum-Zeit-Kontinuum. Diese vier Dimensionen, wenn wir die Zeit als weitere Dimension betrachten, sind das Gerüst, mit dem wir uns das bekannte Universum veranschaulichen.

Aber woher kommt das alles? Wann entstand es? Wer hat die Gesetze erschaffen, die für das gesamte Universum gültig sind? Was genau ist Materie? Was ist Energie, die wir als Bioenergie doch so dringend benötigen? Die Welt mit ihren Erscheinungsformen stellt uns immer wieder neue Fragen: Wer ist der Schöpfer der Gesetze? Woher kommt unser Bewusstsein? Was ist der Sinn des Lebens? Und: Gibt es einen Gott? All dies wurde bereits unzählige Male in Form von Theorien, Meinungen und Glaubenssätzen beantwortet – höchst selten als echtes Wissen. Wir können aber echte Antworten finden, wenn wir unser Weltbild verändern.

Hierbei hilft uns das Konzept der zwölf Dimensionen. Sie verhelfen uns zu einer Wahrnehmungsgrundlage, die sofort akzeptiert werden kann, wenn man als Geistheiler mit höheren Dimensionen und dem dahinterstehenden Bewusstsein konfrontiert ist. Menschen, die über genügend Erfahrung als Heiler und mit außersinnlicher Wahrnehmung verfügen, können das Weltbild, das ich jetzt hier darlege, verstehen und leben.

Die ganze Schöpfung, alles was ist, besteht aus zwölf Dimensionen. Die unteren vier Dimensionen – das Raum-Zeit-Kontinuum – sind in diese zwölfdimensionale Struktur eingebettet.

Dabei stimulieren die höheren Dimensionen die unteren und somit auch unser Raum-Zeit-Kontinuum. Wir Menschen als materielle Wesen gehören selbstverständlich ebenfalls zu diesen unteren Dimensionen. Wir sind

Lebewesen und haben ein eigenes Bewusstsein, das aber genau wie alles andere in das allumfassende Bewusstsein eingebettet ist. Das gesamte Gefüge der zwölf Dimensionen ist kreativ und schöpferisch.

Unser menschliches Bewusstsein ist hauptsächlich auf unsere vierdimensionale Welt ausgerichtet. Wenn wir aber Fragen über unser Sein und unsere Herkunft beantworten wollen, benötigen wir eine andere als unsere bisherige beschränkte Sichtweise. Nur so werden wir lernen, die weiteren Dimensionen zu verstehen, von der fünften bis zur zwölften. Der Kontakt nach oben geschieht über Ahnungen, über Intuition und außersinnliche Wahrnehmungen ganz unterschiedlicher Art.

Mit diesen Wahrnehmungen verlassen wir unsere vier Dimensionen. Wir können die Wahrnehmung das Unbewusste nennen oder auch unsere Seele. Für mich sind die fünfte bis achte Dimension das Zuhause unserer Seelen. Es handelt sich um eine Vermittlungsebene zwischen den Dimensionen neun bis zwölf und unseren vier Dimensionen. Die Verbindung durch die Vermittlungsebene ist notwendig, weil das Bewusstsein aus den geistigen Dimensionen auf der Ebene der Seelen umfassend aufgearbeitet und selektiert werden muss. Nur dann können die geistigen Vorgaben in den verschiedenen Bereichen des Universums zur richtigen Zeit und am richtigen Ort die gewünschte Wirkung erzielen. Das gilt nicht nur für das große Universum, sondern betrifft auch die kleinsten Teile der Schöpfung, selbst uns Menschen.

Übrigens: Den menschlichen Körper mit seinem Chakrensystem können wir uns wie eine Antenne vorstellen, und so lernen wir, über den Körper und durch den Körper die Welt außerhalb unserer Sinne und die Wirkungsweise der Seele zu verstehen.

Unser Körperbewusstsein stellt über unsere Gefühle die Verbindung zum Wachbewusstsein her – das ist der unbewusste Weg. In der Meditation erleben wir die Dimension der Seele, die uns sonst weitgehend unbewusst bleibt, über Bilder, Worte oder Anleitungen.

Die **höchste** Ebene

»Was sich nicht spielerisch leicht anfühlt, darf ich transformieren. Ich glaube an die Wahrheit meiner Erfahrungen und ziehe daraus meine Schlüsse.«

Die Dimensionen neun bis zwölf sind dem Geist zugeordnet. Sie bilden die Ebene der kreativen Schöpfung und durchdringen alle anderen Dimensionen.

Unser menschliches Bewusstsein steht über die Seele in ständiger Verbindung zu diesen höheren Dimensionen. Ich nenne es »vom Lichten zum Dichten« und umgekehrt »vom Dichten zum Lichten«.

In den Dimensionen neun bis zwölf befindet sich der überbewusste Bestandteil unseres Wesens, der allgemein das Höhere Selbst genannt wird.

Dieser überbewusste Bestandteil unseres Wesens unterhält eine ständige Verbindung zu den anderen Dimensionen und zu unserem menschlichen Bewusstsein, und er verkörpert auch unser höheres Bewusstsein, unseren Anteil am göttlichen Bewusstsein. Somit ist unser menschliches Teilbewusstsein mit dem großen Ganzen verbunden, wodurch uns, wenn wir uns auf den Weg der Bewusstwerdung machen, ungeahnte Möglichkeiten offenstehen.

Uns für unser höheres Bewusstsein zu öffnen und damit für die Möglichkeit, bewusst an der Schöpfung teilzunehmen, wird uns dann gelingen, wenn wir unsere Vorstellung von der Schöpfung, unser Weltbild, verändern. Jedenfalls ist das meine Erfahrung.

Viele Heiler und Bewusstseinsforscher, die diesen Weg gegangen sind, haben ihre eigenen Erfahrungen mit dem scheinbar Unmöglichen gemacht und erkannt, was unser Bewusstsein wirklich ist.

Wir sind geistige Wesen, die menschliche Erfahrungen machen, nicht umgekehrt.

Wir sind kreative Schöpfer, die an der Schöpfung aktiv teilnehmen, mit der Aufgabe, das göttliche Bewusstsein in die niederen Bewusstseinsebenen und Dimensionen zu tragen und dort kreativ zu verwirklichen.

Merkmale und ***Aufgaben*** der höheren Dimensionen

1

Neunte bis zwölfte Dimension – **Die Schöpfungsebene**

Zwölfte Dimension: Reines Bewusstsein. Die Welt der Ideen. Gott, der Schöpfer.

Elfte Dimension: Verwirklichung der schöpferischen Ideen, Gottes Wille. Aufteilung in unendlich viele geistige Anteile. Erschaffung der Seelen als Vermittler.

Zehnte Dimension: Heimat aller individuellen und kollektiven Geist-Bewusstseinseinheiten, die am Willen Gottes mitwirken. Heimat unseres Höheren Selbst.

Neunte Dimension: Verwirklichung von Gottes Willen, in Zusammenarbeit aller individuellen und kollektiven Höheren Selbste.

Aus der zwölften Dimension, dem reinen Bewusstsein, aus der Welt der Ideen, aus Gott, dem Schöpfer, entsteht all das, was ist. Am Anfang gab es nur die universellen Gesetze, sie dienten als Grundlage allen Geschehens, als Grundlage der Schöpfung mit den zwölf Dimensionen, die von hier aufrechterhalten werden, erschaffen wurden und ständig werden. Von der elften Dimension, der Ebene von Gottes Willen, aus werden die göttlichen Ideen verwirklicht und über das Bewusstsein in alle anderen Dimensionen vermittelt. Dafür werden geistige Einheiten erschaffen, die in der zehnten Dimension ihre Heimat haben. Auch unser menschliches Höheres Selbst ist dort zuhause und nimmt wie alle anderen geistigen Einheiten am Schöpfungsplan teil.

Diese geistigen Einheiten, Vertreter oder Gotteskinder verwirklichen den göttlichen Plan, in dem sie ihre Aufgaben aus der neunten Dimension in die Ebene der Vermittlung, in die Seelenebene, weiterleiten.

2

Fünfte bis achte Dimension – **Die Seelenebene**

Achte Dimension: Empfangsebene für die geistige Information und Transformation. Aufarbeitung der geistigen Information zur Weiterleitung in die siebte Dimension.

Siebte Dimension: Strukturbildung und Vorbereitung für die Vermittlung in die materiellen unteren Ebenen, mit jeweiliger Anpassung an das Geschehen in den vier unteren Dimensionen.

Sechste Dimension: Übertragungsebene der aufgearbeiteten geistigen Information für alle materiellen Strukturen, materielles Bewusstsein.

Fünfte Dimension: Übertragungsebene aller energetischen Prozesse, energetisches Bewusstsein.

Die geistigen Übertragungen des schöpferischen Bewusstseins aus der neunten Dimension, dazu gehört auch das Wirken des menschlichen Höheren Selbst, werden in der achten Dimension von der jeweils zuständigen Seele aufgenommen. Das geschieht auf der Gemeinschaftsebene aller Seelen. Hier werden Entscheidungen getroffen, welche die bestmöglichsten Ergebnisse beim Weiterreichen der Informationen aus dem Geist in die unteren Dimensionen gewährleisten. Dazu gehört auch das Anpassen an die jeweiligen Umstände in einem sich entfaltenden Universum. Die Entscheidungen aus der achten Dimension werden dann in die siebte Dimension weitergeleitet, weiterverarbeitet und für die Übertragung aus der fünften und sechsten Dimension vorbereitet.

In diesen beiden Vermittlungsebenen kommt es zu einer Verdichtung der Information, um sie an das Raum-Zeit-Kontinuum anzupassen. Dabei werden in der sechsten Dimension alle Information bezüglich der stofflichen Strukturen weitergeleitet.

In der fünften Dimension vermitteln die Seelen alle energetischen Informationen. Diese Übermittlung aus der fünften und sechsten Dimension betrifft die gesamte Erscheinungswelt, vom kleinsten Atom bis hin zu galaktischen Dimensionen.

Meistens arbeiten die fünfte und sechste Dimension mit vereinten Kräften daran, die vielfältigen materiellen

Strukturen mit ihren energetischen Prozessen im gesamten Kosmos aufrechtzuerhalten.

Die fünfte Dimension hat dabei eine spezielle Aufgabe. Sie überwacht mit speziellen Programmen aus der siebten und achten Dimension die hierfür notwendigen Gesetze, die von der Schöpfung vorher festgelegt wurden. Nur durch die Einhaltung der Gesetze sind alle Prozesse in der Schöpfung gewährleistet. In diesen Strukturen sind gewaltige Wechselwirkungen und Informationen am Werk, um im gesamten Universum die Gravitationsfelder und elektromagnetischen Prozesse in einem ausgewogenen Zustand zu halten.

Für uns Menschen ist unsere individuelle Seele mit ihrem freien Willen zuständig. Sie wird vor jeder Übertragung aus der fünften und sechsten Dimension durch ein spezielles Programm angeleitet, das in der siebten Dimension entworfen wurde. Unsere Seele hat aber durch ihren freien Willen die Möglichkeit, aus ihrer Wahrnehmung und Erkenntnis heraus die Übertragung so zu gestalten, wie sie es für angemessen hält. Dadurch können auf der körperlichen, emotionalen und mentalen Ebene Prozesse, Herausforderungen und erschwerte Bedingungen entstehen, die wir dann als Schicksal oder Karma empfinden. Diese Herausforderungen dienen aber grundsätzlich, bis auf wenige Ausnahmen, unserer Bewusstwerdung. Wir lernen: So darf ich es nicht machen, beziehungsweise, so wie ich es gemacht und gedacht habe, ist es zu meinem Nachteil.

Kollektiv gesehen, treten bei diesen Regulierungen zusätzliche Prozesse auf, die noch andere Probleme entstehen lassen. Die Probleme entwickeln sich aus dem mangelnden Bewusstsein vieler Menschen, bei jungen Seelen ist es Unwissenheit. Die menschliche Spezies befindet sich zurzeit in einem Entwicklungsprozess. Junge, unerfahrene Seelen bevölkern gleichzeitig mit reifen Seelen den Planeten. Das führt dazu, dass die geistig-seelischen Informationen von den einzelnen Menschen sehr unterschiedlich wahrgenommen und verarbeitet werden. So verarbeiten die erfahrenen Seelen die aus dem Geist übermittelten Vorgaben treu nach den Gesetzen und fördern die Schöpfung. Junge, unerfahrene Seelen in einem menschlichen Körper halten sich nicht immer an die Gesetze und können durch ihre Entscheidungen und Handlungen das kollektive wie auch individuelle Geschehen beträchtlich belasten. Die vielen Differenzen und Auseinandersetzungen, bis hin zum Kriegerischen, sind die Folgen des unterschiedlichen Erfahrungsstandes der Seelen, die mit ihren psychisch-seelischen Motiven einen menschlichen Körper übernommen haben.

Alle Informationen, die das Leben benötigt, werden energetisch übertragen. Ausgehend vom Geist werden sie von der Seele strukturiert und über die fünfte und sechste Dimension zu uns in die untersten Dimensionen übertragen. Dazu werden Energien, die aus geistigen Quellen kommen, für uns von unserem Höheren Selbst, unserer Seele, stabilisiert, geformt und so modelliert, dass sie die

Bioenergien unseres Körpers, unseres Bewusstseins erreichen. Die höheren feinen Energien als Informationsträger (die wir noch nicht messen können) nutzen die elektromagnetischen Felder der Erde für die Steuerung und Manipulation der energetisch biologischen Kommunikationsnetze in unserem Körper und Bewusstsein. Zusätzlich werden noch alle Lebewesen und auch der Mensch von diversen kosmischen Energiefeldern durchdrungen. Wir baden sozusagen in den kosmischen Feldern. Das Leben, so wie wir es heute kennen, hat sich diesem energetischen Mix angepasst und bezieht die Hälfte seiner Vitalenergie daraus. Das kann nur funktionieren, weil die uns noch unbekannten Energien mit ihren Funktionen aus den höheren Dimensionen die Resonanz zu unseren biologischen Energien herstellen können.

Im weitesten Sinne wird alles Biologische durch Anpassung und Resonanz geformt und erhalten.

Die so entstehende Übertragung, von der höheren Ordnung durch Transformation der Seele bis hin zu der gewünschten Stelle in unserem Kosmos oder Körper, ist im weitesten Sinne Teamwork, ein Gemeinschaftswerk aus den Bewusstseinsschichten von Körper, Seele, Geist. Dabei ist in den kreativen Verwirklichungen auf allen Ebenen stets der freie Wille gewährleistet.

Hierin sehe ich die größten Probleme für Wachstum und Entwicklung des Bewusstseins. Gerade das Zusammenwachsen einer Gemeinschaft aus Körper, Seele und Geist, die auch noch aufgefordert ist, Bewusstsein in den physischen Ebenen zu verwirklichen, führt unweigerlich dazu, dass sich Bewusstsein auf sehr unterschiedliche Weise entfaltet. Verantwortlich für diese Unterschiede ist der freie Wille und die damit verbundene Selbstverwirklichung. Somit können auf jeder Ebene kreative Einzigartigkeiten in der Verwirklichung entstehen. Besonders durch die Zeitlosigkeit auf den Höheren Ebenen und die Zeit, wie sie uns auf unserer Ebene gegeben ist, laufen die Entwicklungen sehr unterschiedlich ab. Das beeinflusst den Zeitplan und alle begünstigenden oder erschwerenden Umstände wie Klimazone, ethnische Zugehörigkeit und Förderung durch die Familie. Daraus entstehen unsere Betrachtungsweisen und Beurteilungen, von den jungen, unerfahrenen Seelen bis hin zu den alten Seelen mit Weisheit, Gemeinschaftssinn und Liebe zur Schöpfung.

Weltweit wirken tausend mediale Heiler über die fünfte und sechste Dimension erfolgreich mit geistigen Helfern zusammen. Obwohl bei den Heilungsvorgängen immer wieder erstaunliche Regulierungen entstehen, scheut sich die Wissenschaft weitgehend, diesem Phänomen nachzugehen. Im Gegenteil, wirksame Heilungen werden als Unmöglichkeiten verschwiegen, und oft werden Heiler noch wegen Scharlatanerie belangt.

In der von mir gegründeten *Schule der Geistheilung nach Horst Krohne*® bilden wir sensitive Menschen aus, die ein Talent zur außersinnlichen Wahrnehmung haben. Wir stärken ihre Begabungen und vermitteln die Anbindung und den Zugang zu den höheren Dimensionen.

Dadurch entwickelt sich ein Kontakt zu einem geistigen Helfer, einem Geistführer aus der fünften Dimension. Die Talentiertesten von ihnen lernen sogar, über die sechste Dimension zu wirken, was zu spontanen biologischen Veränderungen führen kann, bis hin zur Bildung oder Auflösung von Gewebe. Weil sich unter immer mehr Menschen herumsprach, wie solche Heiler arbeiten und was sie leisten können, wurden sie in England und in einigen Staaten der USA schließlich öffentlich anerkannt. Inzwischen arbeiten in einigen Krankenhäusern Ärzte bei der Behandlung der Patienten ganz offiziell mit Geistheilern zusammen.

Besonders erfolgreich sind diese medialen Heiler bei Operationen. Ein Geistheiler ist im wahrsten Sinne ein Energietherapeut und kann die bioenergetischen Schwächen von Lebewesen ausgleichen. So können Menschen vor einer Operation gestärkt werden, indem Heiler die Steuerung der Lebensenergie optimieren und ihnen helfen, Heilkräfte zu mobilisieren. Was, wie die Ergebnisse in England und in den USA zeigten, zu weniger Komplikationen bei Operationen führt.

Das Aufladen und Stabilisieren der Bioenergien nach einer Operation bewirkt, dass die Genesung deutlich schneller erfolgt, mit deutlich geringerem Medikamentenbedarf. In nicht wenigen Fällen halbieren sich so die die Liegezeiten und damit die Kosten.

In Deutschland ist das Gesundheitswesen noch sehr zurückhaltend, was die Zusammenarbeit von Heilern und Ärzten angeht, oder lehnt sogar eine solche stur ab – und das, obwohl Geistheiler 2004 vom Bundesverfassungsgericht als eigener Berufsstand anerkannt wurden. Aber langsam bekommen auch bei uns in Deutschland immer mehr Geistheiler für ihre Leistung Aufmerksamkeit bis Anerkennung, und viele ausgebildete Heiler arbeiten schon in einem Krankheitsfall mit Ärzten zusammen. Nicht in einer gemeinsamen Praxis, das ist von der Ärztekammer nicht gestattet, sondern jeder einzeln für sich, aber immer öfter mit verbalem Informationsaustausch. Diese noch vorsichtige Zusammenarbeit dürfte schnell Fortschritte machen, wenn es den Physikern gelingt, die vermuteten höheren Dimensionen über eine Metaphysik nachzuweisen und damit eine weitere Realität als Wirklichkeit anzuerkennen.

Unbewusst haben Sie und alle anderen Menschen den Eindruck, dass etwas Jenseitiges existiert. Für mich als Heiler ist das Jenseitige, das Unbewusste des Menschen, die Brücke zum höheren Bewusstsein, das alles Leben steuert. Diese Brücke benutzen alle Menschen unbewusst, und alle Lebewesen sind Schöpfungen des höheren Bewusstseins. Ich bin mir sicher, dass eine Zeit kommen wird, in der wir alle diese Brücke zum Jenseits bewusst wahrnehmen werden. Dann wird sich das Verhalten des Menschen gegenüber der eigenen Seele und dem Bewusstsein der Schöpfung grundlegend verändern. Ich habe viele Gespräche mit Wissenden geführt und wahrgenommen, welche positive Wirkung dieses Wissen, diese

Einsichten in ihrem Leben entfalten. Ich bin überzeugt, dass dieser Trend sich verstärken wird.

Mir ist klar, dass die Menschheit ihre Krisen erst dann überwinden wird, wenn sie selbst zum Brückenbauer geworden ist. Diese Aussage hat es in sich: Unsere jenseitiges Bewusstsein wartet auf uns. Machen wir uns also auf den Weg in die Vollkommenheit.

Sehr geehrte Leser des **Buches**,

Sie werden sich sicherlich fragen, wie man eigentlich den Kontakt zu höheren Dimensionen erlangen oder sogar einen Dialog mit einem Engel oder Geistführer führen kann. Meine Antwort darauf lautet: lernen, meditieren, lernen. Das klingt sehr einfach, doch wenn Sie sich auf diese Reise begeben möchten, sollten Sie wissen, dass es ein recht langer und mit Rückschlägen gepflasterter Weg sein kann. Sie werden dabei Dimensionen berühren, die Sie noch überhaupt nicht kennen. Es ist ein Weg zu sich selbst, und wie bei allen Lernaufgaben spielen auch Talente und Begabungen dabei eine große Rolle.

Es gilt hier eine außersinnliche oder übersinnliche Sprache zu erlernen, eine Sprache außerhalb unserer Sprache, eine Sprache außerhalb unserer Sinne. Man könnte durchaus sagen, es geht um eine Unterhaltung mit dem eigenen Gehirn, das dafür zur Empfangsstation für außersinnliche Wahrnehmung umgerüstet werden muss. Man muss sprechen und hören lernen auf einer vollkommen neuen Ebene, einer Ebene, die ein anderes Wissen erfordert als dasjenige, das wir in der Welt oder über die Welt bisher erfahren haben. Wir steigen ein in dieses Bewusstsein, das uns am Leben erhält. Wir steigen ein in Geist und Seele, in Strukturen, die wir dem Unbewussten zuordnen und über die wir fast gar nichts wissen, über die wir noch keinerlei Erfahrung und Kenntnisse gewonnen haben.

Als ich vor Jahrzehnten selbst vor der Aufgabe stand und den Wunsch äußerte, mediale Eigenschaften zu entwickeln, erkannte ich schnell, dass ich mit einem Lehrer die größten Aussichten auf Erfolg haben würde – mit einem Lehrer und in einer Gemeinschaft, in der man sich über die dabei gewonnenen Erfahrungen austauschen kann. So lud ich in meinem Gästehaus und Zentrum für Lebenshilfe auf Teneriffa über sieben Jahre hinweg mediale Heiler und Menschen mit außersinnlichen Begabungen ein und beobachtete ihr Vorgehen. Ich erfuhr damals in Gesprächen sehr viel über feinstoffliche Energien, über Seelen und Geistfunktionen und über die Vernetzung der verschiedenen Aufgabenfelder unseres Organismus. So lernte ich über die Jahre, wie man mit den feinstofflichen Energien umgehen kann, die den Naturwissenschaften noch unbekannt sind und die aus Mangel an besserem Wissen meistens dem psychischen Bereich zugeordnet wurden.

Bei meinen Studien erkannte ich, dass sensitive Menschen und Heiler mit außersinnlichen Fähigkeiten alle eines gemeinsam haben: Sie hegen keinen Zweifel daran, dass wir geistige Wesen mit einer Seele sind, die ihren Körper sozusagen bewohnen, und dass es einen Schöpfer des gesamten Universums gibt.

Sie alle haben die feste spirituelle Überzeugung, dass die Schöpferkraft auch in jedem Menschen vorhanden ist und dass es Wege und Möglichkeiten gibt, mit dieser Schöpfungskraft zusammenzuarbeiten und sie zum Wohle anderer und zum Wohle des Lebens einzusetzen – und dass man dies lernen kann.

Um Zugriff zu erlangen auf die eigene, jedem von uns innewohnende Schöpferkraft, halte ich es für unerlässlich, dass wir zu der Erkenntnis erlangen: Es gibt ein übergeordnetes Bewusstsein, das das Wunder des Lebens hervorbringt und das dieses Wunder bewahrt, ein regulierendes Bewusstsein, das ständig in uns präsent ist. Allein schon, wenn wir unsere Billionen von Körperzellen betrachten, die sehr verschiedenen Aufgaben nachgehen und auch die unterschiedlichsten Lebenserwartungen haben, von wenigen Tagen bis zu mehreren Jahren, sollten wir ehrfürchtig verstummen angesichts der Regenerationsfähigkeit unseres hochkomplexen Organismus. Wenn uns die Zellregeneration bewusst wird, sehen wir das eigentliche Wunder. Nicht unser Denken, nicht unser Gehirn erhält unseren Organismus, er wird von der Zellregeneration erhalten. Nicht unsere DNA steuert ihn, die ja auch ständig erneuert wird durch die Zellregeneration, unser Bewusstsein ist es. Und dieses Bewusstsein steuert neben der Zellregeneration noch viele andere lebenserhaltende Prozesse, über deren genaue Wirkungsweisen wir meistens nach wie vor rätseln.

Ein weiteres Wunder ist die Symbiose, die allen Lebewesen eigen ist, und darüber verlieren wir fast nie ein Wort. Dabei könnte der Mensch ohne Symbiose nicht existieren. Er benötigt Darmbakterien und andere Mikroorganismen für sein Leben – ohne diese Helfer würden wir nicht funktionieren.

Weil die Symbiose dem Leben eigen ist, drängt sich der Gedanke förmlich auf, dass unsere Lebensenergie (das Unbewusste) in Symbiose mit einer höheren Ordnung (Geist und Seele) das wahre Leben ist.

Für mich wurde jedenfalls der Glaube an ein jenseitiges, übergeordnetes Bewusstsein zum Schlüssel für den Kontakt zu meinen Geistführern.

Als ich dann in Gesprächen mit meinen Geistführern erfuhr, dass es im Jenseitigen noch weitere Dimensionen gibt und die fünfte und sechste Dimension die Ebenen für die Übertragung sind, kam es bei mir zum wahren Durchbruch außersinnlicher Wahrnehmung.

Doch ohne meine Lehrer und ohne Meditation – und das über viele Jahre – wäre ich nicht der geworden, der ich heute bin. Ich habe mich dadurch zum spirituellen Lehrer mit medialen Fähigkeiten entwickelt.

Nach und nach kamen immer mehr Menschen auf mich zu und fragten: Woher hast du dein Wissen und dieses Können? Kannst du es mir vermitteln? Und so entwickelte ich einen Ausbildungsplan, um meine Erfahrungen aus meinen Lehrjahren weiterzugeben. 1998 führte das zur Gründung der *Schule der Geistheilung nach Horst Krohne*®, und seitdem gibt es im deutschsprachigen Raum endlich eine solide Ausbildung zum Geistheiler. Die Erfahrungen, die die Dozenten und ich dabei machten, zeigen, dass jeder Mensch mit den unbewussten lebenserhaltenden Energien in Kontakt treten und bis zu einem gewissen Grad auch die Zusammenarbeit damit erlernen kann. Es hat sich aber gezeigt, dass eine Ausbildung zum Geistheiler nicht unter zwei bis drei Jahren möglich ist, und bis es zu Gesprächen mit einem spirituellen Führer kommt, vergehen weitere Jahre, je nach Talent. Es ist so wie in jedem Beruf: Es gibt Lehrjahre, und bis zum Meister ist es dann noch ein Stück des Wegs. Und ja, ich sagte Beruf, denn Geistheilung ist inzwischen als Beruf offiziell anerkannt, das Bundesverfassungsgericht hat 2004 eine entsprechende Entscheidung getroffen.*

Es gibt nur eine Ausnahme, das hat sich bei der Ausbildung gezeigt, und diese Warnung möchte ich hier unbedingt aussprechen: Menschen mit psychischen Störungen können den Weg in die Außersinnlichkeit nicht gehen. Unsere Erfahrungen haben gezeigt, dass die menschliche Psyche ein Werkzeug der Seele ist, um den Körper zu steuern (Psychosomatik). Bei einer labilen Psyche kann es

* Die Entscheidung des BVerfG 2004 finden Sie im Wortlaut auf https://www.bundesverfassungsgericht.de/SharedDocs/Entscheidungen/DE/2004/03/rk20040302_1bvr078403.html.

daher im Fall von Übertragungen seelisch-geistiger Kräfte aus der fünften und sechsten Dimension zur Überforderung der menschlichen Psyche kommen.

Lassen Sie mich zum Schluss noch eine besondere Erfahrung erwähnen, die wir im Laufe der vielen Jahre bei der Ausbildung zum Geistheiler machten. Auch Menschen, die den Weg durch die Ausbildung gegangen sind, ohne dass sie Geistheiler wurden, sondern die das Wissen einfach für sich nutzen wollten, erlangten eine völlig neue Einstellung zum Leben. Sie lernten das Leben zu lieben, es entstand Vertrauen zu sich selbst und zur Umwelt. Innere Zufriedenheit und viele andere positive Eigenschaften wurden gestärkt, ihr gesamtes Verhalten veränderte sich hin zu einer friedvollen Lebensweise – und eine in sich ruhende Persönlichkeit ist manchmal mehr wert als bloße Gesundheit.

Wie ich eingangs schon sagte, es ist eine Reise zu sich selbst, ein Weg, der es wert ist, dass man ihn geht.

Ihr und Euer

Horst Krohne

HORST KROHNE
ÜBER DAS
SINNHAFTE
IN DER
GEISTHEILUNG
Einleitung zum Buch
»Die 12 Programme
des Bewusstseins«
AMRA

Was ist der Sinn des Lebens?

Eine Leseprobe aus Horst Krohnes Buch

Die 12 Programme des Bewusstseins

In Gesprächen taucht immer wieder die Frage nach dem Sinn des Lebens auf. Nun, ich glaube nicht, dass ich diese Frage ausreichend beantworten kann. Doch für einen Teilbereich des Lebens fand ich in Heilgesprächen Erklärungsansätze. Bei der Aufdeckung von Krankheitsverursachern und besonders angesichts der vielen ungelösten Konflikte, Dramen und Schockerlebnisse, die Menschen mit sich herumtrugen, zeichneten sich notwendige Lernaufgaben beziehungsweise Möglichkeiten zur Bewusstseinserweiterung ab. Eine umfassende Erlösung von Krankheit, Not und Pein konnte nur geschehen, wenn der Betroffene den Sinn seiner Probleme verstand, an sich arbeitete und neue Erkenntnisse sammelte. Es gibt natürlich auch Menschen, die dazu nicht in der Lage sind oder nicht glauben, dass sie eine große Verantwortung für ihr eigenes Leben tragen. Sie legen das, wofür sie selbst verantwortlich sind, in andere Hände und sagen: Bitte heile mich. Andere wiederum haben resigniert und werden chronisch krank.

Der Erfolg beim Geistigen Heilen, im Physischen, im Psychischen und auch im Psychosomatischen, hängt weitgehend von der Fähigkeit des Notleidenden ab, seine Einstellung zu seinen Problemen zu ändern.

Hier spreche ich hauptsächlich von den Leidenden, die ihre Probleme trotz therapeutischer Hilfe nicht loswerden konnten, weil der Verursacher ihrer Probleme nie aufgedeckt wurde. Es geht dann beim Geistigen Heilen hauptsächlich darum, den Schwachpunkt aufzudecken, der zum Problem wurde, und den Sinn aufzuzeigen, der notwendig ist, um den Leidensdruck abzubauen.

Wir können es auch anders sagen: Wenn du es schon immer so gemacht hast und es dich nicht weitergebracht hat, dann ist es falsch, also sinnlos. Bei der überwiegenden Mehrzahl aller Menschen ist der Lebenssinn in einem Unvermögen und der sich daraus ergebenden Stagnation der persönlichen Weiterentwicklung zu suchen. Wenn der Betreffende in einer schwierigen Situation festsitzt, entwicklungsmäßig auf der Stelle tritt und wenn zudem alle anderen Therapien erfolglos verlaufen sind, dann wird vieles in seinem Leben sinnlos. Oft auch das Bemühen eines Geistheilers.

Die tieferen Gründe für diese Sinnlosigkeit sind im Bewusstsein des Einzelnen zu suchen.

Sie können sehr unterschiedlich sein und auf verschiedenen Verhaltensebenen liegen. Viel seltener als vermutet haben sie etwas mit dem Intellekt zu tun, den ich deshalb nur als Teilbewusstsein betrachte.

Am häufigsten fand ich die Notwendigkeit einer Weiterentwicklung in folgenden Bereichen:

- Verbesserung der Liebesfähigkeit
- Beherrschung der Gefühle, Abbau von Aggressionen
- Entwicklung von Verantwortungsbewusstsein
- Verbesserung der Charakterfestigkeit in Extremsituationen
- Verbesserung der Anteilnahme am Schicksal anderer, soziales Empfinden
- Wahre Erkenntnis eigener Stärken und Schwächen
- Auflösung tief liegender Blockaden
- Überwinden von Angst
- Veränderung von Glaubenssätzen und Wünschen

Das Schicksal eines Menschen wird von seinen Verhaltensweisen geprägt. Anders ausgedrückt: Wir haben unsere spezifischen Programme, die unser Verhalten bestimmen. Programme? Das klingt zunächst sehr unangenehm, nach Fremdbestimmung oder unbewussten Programmierungen, die unser Verhalten und unsere Entscheidungen mitbestimmen. Doch das Leben kann ohne Programme nicht existieren. Diese Programme sind eine Art Hintergrundmusik, die ständig spielt und unseren Körper und große Teile des Bewusstseins erhält. Das Gute daran ist, dass wir Menschen teilweise Zugriff auf bestimmte Programmsequenzen haben. Doch dieser Zugriff kann nur effektiv sein, wenn wir erkannt haben, wie unsere Programme uns bestimmen und was daran sinnvoll verändert werden kann. Hierbei müssen wir auf zwei unterschiedliche Programmgruppen achten. Die »bewussten«, auf Bewusstseinserweiterung aufbauenden persönlichen Programme haben nur einen begrenzten Einfluss auf die anderen, autarken, »unbewussten« Programme.

Idealerweise sollten sich die unbewussten und die bewussten Programme gegenseitig unterstützen. Doch wie es scheint, läuft diese Unterstützung bei vielen Menschen in die falsche Richtung. Aus Unwissenheit manipuliert unser kleines Ich die autarken und recht stabilen Lebenserhaltungsprogramme. Und wenn daraus Leid entsteht, wird meistens der Vererbung oder den Lebensumständen die Schuld daran gegeben und nicht dem eigenen Verhalten.

Das Gute ist jedoch, dass wir aus den vorgenannten destruktiven Verhaltensweisen ausbrechen können. Wenden wir uns doch einfach an den Programmierer, unserer Höheres Selbst, unser göttliches, geistiges Bewusstsein. Den Schlüssel zum Gewahrsein dieser Instanz haben wir alle. Es ist die Meditation. Sobald wir gelernt haben, unser kleines lärmendes Ich auszublenden, ist der Weg zum höheren Bewusstsein frei. Über Intuition und Inspiration, vielleicht auch durch die Vermittlung von geistigen Helfern nehmen wir Anteil an der Welt des schaffenden Geistes, die unserem kleinen Ich weit überlegen ist, und bekommen Einblick in unsere Programme und in die von anderen.

Für Lebensberater und Heiler ist es hilfreich, nicht nur den Hintergrund, also den Verursacher einer Krankheit aufzudecken, sondern auch einen sinnvollen Weg aus der Misere aufzuzeigen. Gleichzeitig sollte dem Hilfesuchenden gezeigt werden, wie er seine Einstellung zu seinen Problemen verändern kann. Es geht dabei um Fragen wie diese: Welche Bewusstseinserweiterung ist sinnvoll? Was muss verändert werden? Was macht uns stark?

Es ist jedoch alles andere als einfach, einen sinnvollen und begehbaren Weg für sich und andere Menschen aufzuzeigen. Auch der Weg der Selbsterkenntnis ist alles andere als einfach, obwohl viele Menschen auf der Grundlage ihrer Erfahrungen versuchen, ihrem Leben einen Sinn zu geben, indem sie sich fragen:

- Was geht in mir vor?
- Wieso geschieht mir das?
- Oder: Was will das Leben von mir?
- Habe ich der Menschheit gegenüber eine Verantwortung?

Diese Fragen können helfen, das Erlebte zu verstehen, einzuordnen und einen Sinn darin zu finden. Doch wie die Erfahrung zeigt, gelingt dies nur wenigen.

Und nicht selten wird bei der Sinnsuche Hilfe von außen in Anspruch genommen. Viele wenden sich der Astrologie, Numerologie und anderen Deutungsweisen zu, die aber selten eine brauchbare Hilfe darstellen.

Wir können davon ausgehen, dass alle Menschen Talente und Defizite haben, und zwar in sehr unterschiedlichen Dimensionen und Bereichen. Hinzu kommen noch die Zeitumstände, Umwelt, Familie, Milieu sowie Vererbung, Erziehung und Bildung, Kultur und Glaube.

Jeder Mensch hat ein bestimmtes Bewusstseinspotenzial, das er in dieses Leben eingebracht hat und das er zusammen mit dem in diesem Leben Erworbenen und Erlernten nutzt. Meine Arbeit mit Klienten machte mir deutlich, dass ein gewisser Sinn des Lebens darin besteht, dieses Potenzial und die entsprechenden Talente einzusetzen, um damit die Herausforderung des Lebens zu bewältigen. Reicht das mitgebrachte Potenzial nicht aus, muss hinzugelernt werden. So gesehen scheint der Sinn des Lebens darin zu bestehen, das eigene Potenzial durch Lernen zu entfalten. Der Schulungsplanet Erde lässt grüßen.

Auf der Suche nach den jeweils notwendigen, noch zu durchlaufenden Bewusstseinserweiterungsprozessen war es hilfreich, diese in bestimmte Bereiche zu unterteilen. Weil die Zwölf eine so große Bedeutung in unseren menschlichen Vorstellungen hat, suchte ich auch in den Programmen zur Lebensbewältigung eine Zwölfergliederung und fand sie, wobei jeder Teil der zwölf Ebenen wiederum unterteilt werden kann. Für mich machte es Sinn, diese zwölf als Programme des Bewusstseins zu benennen.

Jedes einzelne Programm ist bei jedem Menschen unterschiedlich stark entwickelt, von unvollkommen bis vollkommen, von primitiv-einfach bis hochbegabt-genial. Alle zwölf Programme wirken aus dem Bewussten und Unbewussten, doch immer nur im Rahmen des mitgebrachten und erworbenen Potenzials.

So gesehen ist das Wissen und Können jedes Einzelnen aufgrund der unterschiedlichen Stärken und Schwächen der Programme einzigartig. Zu einer Erweiterung des Potenzials und des Bewusstseins kann es also nur dann kommen, wenn ganz individuell Neues hinzugelernt und in das Vorhandene integriert wird.

Bei mangelnder Bewusstseinserweiterung geht vieles im Leben schief und Erkrankungen widersetzen sich häufig den therapeutischen Maßnahmen. Dummheit kann man nicht wegheilen. Sagen wir es anders: Karmisches oder schicksalhaftes Geschehen bis hin zur Erkrankung entsteht immer dann, wenn das Bewusstsein die notwendigen Programmerweiterungen vernachlässigt.

Wer nicht an sich arbeitet, an dem wird gearbeitet, und das nennen wir dann Schicksal.

Bei vielen Klienten fand ich ausgereifte Programme, die auch genutzt wurden und zu glanzvollen Leistungen führten. Doch gleichzeitig wurden die schwachen Programme nicht angepasst oder erweitert.

So kam es trotz glanzvoller Einzelleistungen zu schweren Lebensproblemen.

Wie unterschiedlich die zwölf Programme sind, möchte ich zunächst in einer Kurzfassung aufzeigen.

HORST KROHNE
DIE
12 PROGRAMME
DES
BEWUSSTSEINS
Geistiges Heilen und
der Sinn des Lebens
AMRA

Die Schule der Geistheilung

Die *Schule der Geistheilung nach Horst Krohne*® wurde im Jahr 1998 gegründet.

Das Ausbildungsprogramm umfasst mehr als zwanzig verschiedene Heil- und Diagnosemethoden und bietet jedem Suchenden zahlreiche Möglichkeiten, seine individuellen Heilfähigkeiten und Talente weiter auszubilden und anzuwenden.

Beim Geistigen Heilen unterscheiden wir im Wesentlichen fünf Bereiche:

1. Heilen mit Gedankenkraft: mentales Heilen, Suggestion, Heilhypnose und Organsprache (siehe mein Buch *Organsprache-Therapie*).
2. Heilen durch Energieübertragung: Handauflegen, Meridian- und Aurabehandlung sowie die Behandlung und der Ausgleich von Chakren und Nebenchakren (siehe meine Bücher *Heilende Hände* und *Die Schule der Geistheilung*).

3. Mediales Heilen in Zusammenarbeit mit der Geistigen Welt, also mit Geistführern, Engeln und/oder Ärzten aus dem Jenseits, Gebetsheilung und Fürbitte.
4. Suchtbehandlungen sowie das Löschen von psychosomatischen Konflikten und traumatischen Erlebnissen.
5. Heilen mit außersinnlichen Diagnosen, die beim Klienten zu notwendigen Umstellungen in verschiedenen Lebensbereichen führen, und Anwendungen außerhalb der Geistheilung, zum Beispiel mittels der Radiästhesie oder Bettplatzsanierung, aber auch das Aufspüren von Unverträglichkeiten, belastendem Zahnmaterial und Umweltgiften bis hin zu physischen Blockaden (Wirbelverschiebungen). Hier ist es stets wichtig zu erkennen, wann andere Therapiemethoden zum Einsatz kommen sollten.

Alle fünf Gebiete können miteinander kombiniert werden. Meistens ist dies sogar notwendig, um einen grundlegenden Genesungsprozess einzuleiten. In allen Bereichen müssen wir davon ausgehen, dass sich keine Heilung einstellen kann, solange der Verursacher der Krankheit nicht gefunden und aufgelöst wurde. Heilung ist immer die Lösung eines Konflikts, und das bedarf in der Regel einer ganzheitlichen Behandlung. Ganzheitlich bedeutet, den ganzen Menschen zu erfassen, in der Gesamtheit seiner Umwelt und Lebensweise.

Diese Ganzheitlichkeit, die zur Heilung führt, will erkannt und erlernt sein.

Jeder Heiler wächst mit seinen Erfahrungen in die Heilungsprozesse hinein und spürt erst bei der Beschäftigung mit dem Menschen, worum es wirklich geht. Mit den richtigen Methoden und einem guten Lehrer kann der Weg abgekürzt werden.

Schule der Geistheilung nach Horst Krohne®
Hannoversche Straße 36
D-31134 Hildesheim
Telefon +49 (0) 5121 1774407
www.schule-der-geistheilung.de
office@schule-der-geistheilung.de

Horst Krohne,

Gründer der Schule der Geistheilung nach Horst Krohne®, unterrichtet ein wissenschaftlich fundiertes System, das jedem Menschen die Möglichkeit gibt, geistige Heilweisen zu erlernen und auszuüben. Der Erfolg seiner Lehrmethoden und seiner vielen bisher erschienenen Bücher, darunter *Neue Sicht des Geistigen Heilens*, *Das Hausbuch der Geistheilung* und *Geheimnis Lebenskalender*, machten ihn zum angesehensten deutschen Geistheiler.

Nach einer Lehre als Feinoptiker für astronomische Instrumente/Spiegelteleskope mit Abschluss der Meisterprüfung erlernte der 1934 in Berlin Geborene auf dem zweiten Bildungsweg die Betriebs- und Verkaufspsychologie, der er eine Ausbildung zum Kosmobiologen und Astrologen sowie zum Radiästhesisten folgen ließ. Bereits 1970 stieg er aus dem Wirtschaftsleben aus und eröffnete das »Zentrum für Lebenshilfe« mit Hotel auf Teneriffa. Acht Jahre lang studierte er dort mit Heilern aus allen Kulturkreisen das Phänomen des Geistigen Heilens und begann 1985 in Deutschland, Österreich und der Schweiz mit seiner Lehrtätigkeit auf den Gebieten Radiästhesie, Heilmeditation und Geistiges Heilen.

Durch seine eigene mediale Begabung und Chakra-Sichtigkeit gelang es ihm, bei vielen Menschen die Selbstheilungskräfte und heilerischen Fähigkeiten zu aktivieren. Seine Bekanntheit wuchs noch durch Fernsehauftritte im ARD, ZDF, auf RTL und ARTE. Einladungen als Referent führten ihn zu internationalen Kongressen und Messen und anderen Heiler-Veranstaltungen, wie etwa den Basler PSI-Tagen.

Gemeinsam mit Ärzten, Psychologen und Psychiatern erarbeitete er das Lehrprogramm der *Schule der Geistheilung nach Horst Krohne®*, die er 1998 gründete und deren Programm schon seit Anfang der 2000er Jahre von Dozenten der Schule europaweit als Aus- und Fortbildung im Bereich der Geistheilung mit Abschlusszertifikat gelehrt wird. Mit Unterstützung seiner 2021 verstorbenen Frau Anneli, die ihm auch bei den Seminaren stets mit großem Engagement zur Seite stand, etablierte er den seit 2001 bestehenden jährlich abgehaltenen »Internationalen Heiler-Kongress« und rief 2006 das Fachmagazin der Schule, den *Heilspiegel*, ins Leben.

Horst Krohne verstarb mit fast 91 Jahren am 14. Januar 2025. Zehn Jahre zuvor hatte er noch die Horst-Krohne-Stiftung gegründet zur Förderung der Wissenschaft und Forschung auf dem Gebiet der alternativen Heilmethoden.

Heilervermittlung:
www.Schule-der-Geistheilung.de
Office@Schule-der-Geistheilung.de

Werkverzeichnis

zusammengestellt von
Michael Nagula & Sigrun Grabbert-Jeß

Bücher

1999 *Die Schule der Geistheilung*, Ansata • ISBN 978-3-7787-7202-7 [HC, vergriffen]

2001 *Das kleine Buch der Geistheilung. Symptome, Krankheiten und ihre Behandlung*, mit Gertraud Erlinger, Verlag der Buchhandlung Wrage, Hamburg • keine ISBN ausgewiesen [Broschüre, vergriffen]

2002 *Handbuch für heilende Hände. Das A-Z der Übertragung von Heilenergie*, Ansata • ISBN 978-3-7787-7223-6 [Paperback, vergriffen]

2003 *Organsprache-Therapie. Neueste Methoden der Geistheilung in Verbindung mit Aura und Meridianen*, Ansata • ISBN 978-3-7787-7238-6 [HC, vergriffen]

2003 *Die Schule der Geistheilung*, Ansata • ISBN 978-3-7787-7202-7 [Paperback, vergriffen]

2004 *Geheimnis Lebenskalender. Heilen mit dem Gedächtnis des Energiekörpers*, Ansata • ISBN 978-3-7787-7268-3 [HC, vergriffen]

2005 *Das Hausbuch der Geistheilung. Soforthilfe bei Alltagsbeschwerden, Unfällen und chronischen Leiden*, Ansata • ISBN 978-3-7787-7292-8 [HC, vergriffen]

2006 *Neue Sicht des Geistigen Heilens. Zur Behandlung psychosomatischer Erkrankungen*, AMRA • ISBN 978-3-939373-01-8 [HC, Vorwort von Anneli Krohne-Hösbacher, vergriffen, eBook weiterhin erhältlich]

2007	*Geistheilung ist ansteckende Gesundheit. Wie und warum Heilung durch Energie funktioniert*, Ansata • ISBN 978-3-7787-7328-4 [HC, Vorwort von Dr. Ernst Joachim Haas, vergriffen]
2009	*Geistheilung mit dem Lebenskalender. Wie Sie Belastungen und Blockaden aus dem Gedächtnis Ihres Energiekörpers löschen*, Heyne • ISBN 978-3-453-70122-9 [Tb, vergriffen]
2009	*Das Hausbuch der Geistheilung. Soforthilfe bei Alltagsbeschwerden, Unfällen und chronischen Leiden*, Heyne • ISBN 978-3-453-70132-8 [Tb, vergriffen]
2010	*Geistheilung – Dialog mit der Seele*, Allegria • ISBN 978-3-7934-2186-3 [HC, Vorwort von Antonie Peppler, vergriffen]
2011	*Heilende Hände bei Allergie. Mit Geistheilung Allergien überwinden*, Allegria • ISBN 978-3-54874-537-4 [Tb, vergriffen]
2012	*Geheimnis Lebenskalender. Heilen mit dem Gedächtnis des Energiekörpers*, Ansata • ISBN 978-3-7787-7473-1 [HC, vergriffen]
2012	*Organsprache-Therapie. Neueste Methoden der Geistheilung in Verbindung mit Aura und Meridianen*, Heyne • ISBN 978-3-453-70205-9 [Tb, vergriffen]
2012	*Handbuch für heilende Hände. Das A-Z der Übertragung von Heilenergie*, Ansata • ISBN 978-3-778-77461-8 [Tb]
2013	*Der Geist, der mich rief. Vom Wirken der göttlichen Kraft*, Ansata • ISBN 978-3-7787-7481-6 [HC, vergriffen; als Tb im Selbstverlag ohne ISBN für Schüler erhältlich unter Info@Schule-der-Geistheilung.de]
2013	*Geistheilung – Dialog mit der Seele*, Allegria • ISBN 978-3-54874-583-1 [Tb, Vorwort von Antonie Peppler, vergriffen]
2014	*Ansteckende Gesundheit. Die faszinierenden Chancen der Geistheilung*, Heyne • ISBN 978-3-453-70265-3 [Tb, Vorwort von Dr. Ernst Joachim Haas, vergriffen]

2018 *Die Zwölf Programme des Bewusstseins. Geistiges Heilen und der Sinn des Lebens*, AMRA • ISBN 978-3-95447-185-0 [HC, Vorwort von Silke & Volker Finger, Nachwort von Angelika Mayrhofer-Battlogg, auch als eBook]

2020 *Ich möchte wissen, um zu helfen! Wie mediale Durchgaben die Heilung unterstützen*, AMRA • ISBN 978-3-95447-442-4 [HC, auch als eBook]

2022 *Neue Sicht des Geistigen Heilens. Jede Krankheit ist heilbar*, AMRA • ISBN 978-3-95447-511-7 [HC, Vorwort von Anneli Krohne-Hösbacher & Horst Krohne, Neuausgabe mit doppeltem Umfang, auch als eBook]

2022 *Die Geistige Schöpfung des Lebens. Mediale Botschaften über die Entstehung der Welt*, AMRA • ISBN 978-3-95447-550-6 [HC, auch als eBook]

2022 *Das Hausbuch der Geistheilung. Soforthilfe bei Alltagsbeschwerden, Unfällen und chronischen Leiden*, AMRA • ISBN 978-3-95447-515-5 [HC, überarbeitete Neuausgabe, auch als eBook]

2023 *Geistheilung – Dialog mit der Seele*, AMRA • ISBN 978-3-95447-560-5 [HC, Vorwort von Antonie Peppler, überarbeitete Neuausgabe, auch als eBook]

2023 *Die Zwölf Dimensionen des Lebens. Wie das Universum und unser Bewusstsein aufgebaut sind*, AMRA • ISBN 978-3-95447-673-2 [HC, Vorwort von Jürgen Fliege, auch als eBook]

2024 *Geheimnis Lebenskalender. Heilen mit dem Gedächtnis des Energiekörpers*, AMRA • ISBN 978-3-95447-513-1 [HC, überarbeitete Neuausgabe, auch als eBook]

2025 *Geistheilung ist ansteckende Gesundheit. Wie Heilung durch geistige Energie funktioniert: Fakten – Hintergründe – Chancen*, AMRA • ISBN 978-3-95447-558-2 [HC, Vorwort von Dr. Ernst Joachim Haas, Nachwort von Michael Nagula; überarbeitete Neuausgabe, auch als eBook]

Bücher in Vorbereitung

2025 *Der Geist, der mich rief. Vom Wirken der göttlichen Heilkraft. Autobiografie eines Heilers*, AMRA • ISBN 978-3-95447-558-2 [HC, überarbeitete Neuausgabe, auch als eBook]

2026 *Heilende Hände bei Allergie. Mit Geistheilung Allergien überwinden*, AMRA • ISBN 978-3-95447-562-9 [HC, überarbeitete Neuausgabe, auch als eBook]

2026 *Die Schule der Geistheilung. Wie jeder Mensch das Geistige Heilen erlernen kann*, AMRA • ISBN 978-3-95447-552-0 [HC, Vorwort von den Dozenten der Schule; überarbeitete Neuausgabe, auch als eBook]

2027 *Organsprache-Therapie. Neueste Methoden der Geistheilung in Verbindung mit Aura und Meridianen*, AMRA • ISBN 978-3-95447-556-8 [HC, überarbeitete Neuausgabe, auch als eBook]

2027 *Handbuch für heilende Hände. Das A-Z der Übertragung von Heilenergie*, AMRA • ISBN 978-3-95447-554-4 [HC, überarbeitete Neuausgabe, auch als eBook]

CD-Aufnahmen

2004 *Selbstheilung durch Chakra-Meditation*, gesprochen von Horst Krohne, Ansata • ISBN 978-3-7787-7269-0 [CD, vergriffen]

2007 *Meridian Heilmeditationen*, gesprochen von Horst Krohne, Ansata • ISBN 978-3-7787-7340-6 [CD, vergriffen]

2008 *Farbmeditation*, gesprochen von Horst Krohne [Doppel-CD, Bezug über »Schule der Geistheilung«]

2008 *Chakrenmeditation*, gesprochen von Horst Krohne [CD, Bezug über »Schule der Geistheilung«]

2013 *»Ist Geistiges Heilen erlernbar?«, Vortrag auf dem 1. Internationalen Kongress für Geistiges Heilen am 21./22. April 2007 in Hannover*, Nymphenburger Verlagshaus [CD]

2022 *Meridianmeditation*, gesprochen von Horst Krohne [Doppel-CD, Bezug über »Schule der Geistheilung«]

Kartenset

2004 *Auroskop. Erkennen Sie Ihre Aura-Farben!*, Ansata • ISBN 978-3-7787-7261-4 [Kartenset, vergriffen]

2015 *Auroskop. Die Aura messen, deuten, harmonisieren*, Ehm Welk Buchhandlung • ISBN 978-3-9434-8731-2 [Kartenset, deutsch und englisch; Nachdruck ohne ISBN, Bezug über »Schule der Geistheilung«]

DVDs und Filme

2012 *Die Heiler – der Film*, mit Horst Krohne und anderen geistigen Heilern, Lanakila Film [DVD]

2013 *Horst Krohne. Ich möchte wissen, um zu helfen. Filmportrait eines großen Heilers*, Lanakila Film [DVD]

2014 *Burnout. Eine Chance zum Neubeginn*, mit Horst Krohne, Lanakila Film [DVD]

2014 *Schule der Geistheilung nach Horst Krohne. Die größte Geistheilerschule Europas*, Lanakila Film [DVD]

2019 *Die Übersinnlichen. Das geheimnisvolle Potenzial der Seele*, mit Horst Krohne, Mystica Filme [DVD]

Vergriffene Bücher von Horst Krohne sind im AMRA Verlag als überarbeitete Neuausgaben in Vorbereitung. Sie können sich über den Veröffentlichungsstand informieren, wenn Sie auf www.AmraVerlag.de im Suchfeld das Stichwort »Horst Krohne« eingeben.

Bei Fragen zu Inhalten der Bücher und anderen Produkten wenden Sie sich bitte an Info@Schule-der-Geistheilung.de.

Bestseller der Energiearbeit!

Kabir Jaffe, Ritama Davidson,
Margaretha Bessel, Christiane Becht
Deine Energie in Aktion!
»Energy Balancing« fürs tägliche Leben
304 Seiten, illustriert, mit Zusatzfarbe
Amra Paperback XXL
€ [D] 29,99 / € [A] 30,90
ISBN 978-3-939373-85-8

Was geht wirklich vor sich, wenn wir sagen, jemand sei offen oder verschlossen, die »Chemie« stimme nicht oder eine Person »sauge« uns aus? Was geschieht, wenn wir miteinander sprechen, und warum sind wir manchmal nicht »bei uns«?

Wir bilden uns diese Dinge nicht ein – wir nehmen die subtile Welt machtvoller Energien wahr!

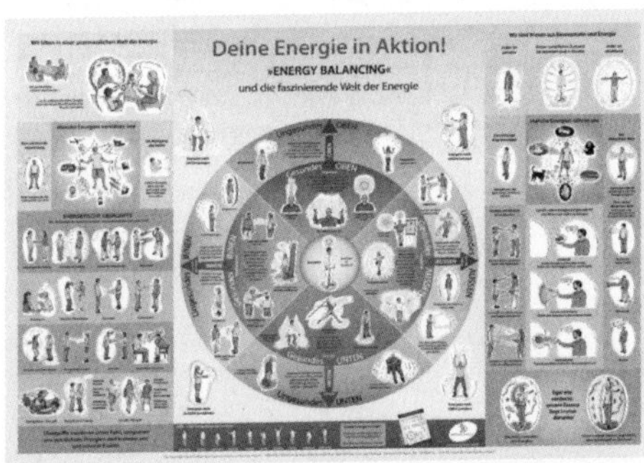

Energy Balancing – für den Alltag!

Kabir Jaffe, Ritama Davidson,
Margaretha Bessel, Christiane Becht
Wandposter:
Deine Energie in Aktion!
Die faszinierende Welt der Energie
DIN-A1, glänzendes Bilderdruckpapier
€ [D] 19,99 / € [A] 20,60
ISBN 978-3-95447-033-4

Mehr als 50 farbige Illustrationen, Übungen und Grundlagen aus dem Buch. Für den eigenen Gebrauch oder als Trainingshilfe für Energie-Arbeiter, Therapeuten und jeden, der viel mit anderen Menschen zu tun hat.

Ein faszinierender Blickfang!

Sind Sie eine Indigo-Seele und wissen es nicht?

Kabir Jaffe & Ritama Davidson
Indigo-Erwachsene
Wegbereiter einer neuen Gesellschaft
208 Seiten, gebunden, mit Leseband
€ [D] 19,99 / € [A] 20,60 • ISBN 978-3-939373-10-0

Eine neue Art Mensch tritt in Erscheinung, als nächster Schritt in der Entwicklung der Menschheit. Es sind visionäre und kreative Frauen und Männer, fortschrittlich, sensibel und unabhängig. Sie verkörpern neue Auffassungen, ein anderes Denken und Fühlen.

Video-Interview und Gratis-eBook auf www.AmraVerlag.de